M. 1049.
7.

15664

HISTOIRE
ECCLÉSIASTIQUE
ET POLITIQUE
DE L'ÉTAT DE LIÉGE.

Nous plaçons cet Ouvrage sous la sauve-garde des Lois et de la probité des Citoyens, et nous poursuivrons devant les Tribunaux tout contrefacteur et tout distributeur qui, au mépris de la Propriété et des Lois existantes, mettroient au jour des Éditions contrefaites.

Les Éditeurs préviennent le Public que tous les Exemplaires seront revêtus de leurs signatures.

Dholange et Compagnie.

HISTOIRE ECCLÉSIASTIQUE ET POLITIQUE

DE L'ÉTAT DE LIÉGE;

OU

Tableau des Révolutions qui y sont survenues depuis son origine jusqu'à nos jours,

Suivi de la Chronologie des Évêques.

PAR M. LE COMTE DE ***.

Publié sur la copie originale déposée, en 1775, entre les mains d'un ancien Ministre de France.

Avec une Carte géographique.

À PARIS,

AU BUREAU DE L'ANNÉE LITTÉRAIRE, rue St. Jacques, n.° 51, au-dessus de la place Cambrai.

Et chez

OBRÉ, Libraire, rue Mignon, n.° 1.

FUCHS, Libraire, rue des Mathurins, hôtel Cluny.

NORMAND, Imprimeur - Libraire, rue des Prêtres St. Germain l'Auxerrois, n.° 42, vis-à-vis l'Eglise.

AN IX (1801).

AVIS DE L'ÉDITEUR

Dans le temps de la monarchie, un des premiers soins des ministres des affaires étrangères, et particulièrement de M. de Vergennes, fut d'envoyer des hommes instruits, dans les différentes parties du globe, pour y prendre des renseignemens sur leur état politique et militaire. Quelques-uns de ces envoyés se sont bornés à présenter de simples tableaux des lieux ; d'autres ont donné des relations détaillées ; enfin, quand la matière a paru sourire davantage aux observateurs, ils ont écrit l'histoire du pays. Tel est, je pense, le motif qui engagea M. le comte de *** à composer celle de la principauté de Liége.

Si le récit de grands événemens, de révolutions presque continuelles pendant plusieurs siècles, fixe, plus que tout autre ouvrage historique, l'attention du lecteur, s'il aime un style énergique, une érudition pure, une narration avare de mots, prodigue de choses, difficilement il trouveroit une histoire plus propre à le satisfaire.

Il ne m'appartient pas d'entrer dans le fond de l'Ouvrage ; que pourrois-je ajouter à ce qu'en dit l'auteur dans son introduction ? Je rappellerai seulement les avantages de la publication d'une histoire si importante pour nous, surtout depuis la réunion de l'Etat de Liége à la République française ; ce pays est devenu le nôtre ; autant il est honteux d'ignorer ce qui s'est passé dans sa famille, autant il est utile d'en retracer le tableau. Malheur à ceux qui tiennent enchainés en des cartons, ou sur des rayons de bibliothèques énormes, les écrits de l'historien ! ce n'est point pour lui seulement qu'il a passé des années entières à faire des recherches, des méditations, des volumes ; faire connoître le génie et les mœurs des différens peuples, tel étoit son but ; eh ! quel est l'écrivain qui pourroit conserver le moindre enthousiasme, s'il étoit privé de l'unique aliment de son amour propre ?

Ce n'est pas qu'il faille exhumer, pour ainsi dire, tous les hommes qui ont écrit, et mettre au jour des ouvrages qu'ils avoient eux-mêmes condamnés à l'oubli; mais il en est d'un intérêt si prononcé, que leur publication est une dette envers l'humanité, une acquisition pour la république des lettres. De ce nombre est l'Histoire ecclésiastique et politique de Liége. Pour s'en convaincre, il suffit de l'ouvrir et d'en parcourir au hasard quelques passages. Depuis Saluste, Robertson et le président Hénault, il est peu d'historiens qui aient connu, comme l'Auteur, le grand art de dire beaucoup en peu de mots, et cependant de ne rien oublier de ce qui peut intéresser.

Une seule observation prouve combien cette nouvelle histoire de Liége l'emporte sur toutes celles qui avoient déjà paru ; elle est de l'Auteur lui-même. « Pour s'épargner le travail des recherches, dit-il (1), les » historiens liégeois ont franchi d'un saut les quatre pre-» miers siècles de leur histoire ; ils se sont transportés » au milieu du cinquième, sans avoir touché les temps » intermédiaires, si intéressans par les usages naissans » de ce peuple, par ses révolutions fréquentes et par le » tableau de ses mœurs antiques ».

---

(1) Page 11.

PRÉFACE.

J'ai voulu connoître un État longtemps possédé par la France, enrichi par les bienfaits de nos rois, devenu membre de l'Empire, et jouissant d'une sorte de liberté par le bonheur de sa position.

J'ai consulté les historiens liégeois et je n'ai trouvé dans leurs compilations que des faits cumulés sans ordre, et noyés dans les fables. Foulon, Chapeauville et Fisen ont écrit en latin une chronique informe, et se sont copiés les uns les autres. Bouille a travesti leurs livres dans un français barbare. Trois de ces écrivains étoient des moines peu capables de distinguer le vrai du merveilleux, de porter dans les ténèbres de l'histoire l'esprit de critique et de discussion; gênés par les entraves d'un gouvernement ecclésiastique et par celles de leur état, avec le talent, qu'ils n'avoient pas, il leur eût été difficile de faire un bon ouvrage. J'ai donc trouvé le champ absolument neuf. Il m'a fallu toute l'ardeur d'un travail opiniâtre pour dévorer de mortels volumes, tirer la lumière de ce chaos, rejeter ce qui m'a paru, dans ces écrivains, le résultat de leurs préjugés, vérifier leurs dates souvent contradictoires, les comparer ensemble, les opposer à leurs contemporains, saisir leurs points de rapports, et fixer les faits d'après ces études combinées.

J'ai vaincu la difficulté. Des observations, jetées au hasard, se sont multipliées sous ma plume. Je me suis appuyé des écrivains anciens et modernes qui pouvoient me seconder dans mes recherches. Monstrelet, Philippe de Comines, Montesquieu, l'abbé Dubos, le président Hénault, Vély et plusieurs autres ont été mes guides. J'ai puisé ce qui compose le droit public de Liége dans les mandemens de ses Évêques, dans leurs concordats faits avec les puissances voisines et dans les traités domestiques conclus entre eux et leur État. Quelquefois j'ai remonté jusqu'au droit public de l'Allemagne et aux livres élémentaires de la jurisprudence canonique ou civile, quand j'avois besoin d'établir des principes généraux. Souvent aussi je n'ai marché qu'à l'aide des traditions, et dans ce travail ingrat, je n'ai pas toujours eu le plaisir de l'évidence ; mais j'ose me flatter de n'avoir porté dans cet écrit ni passion ni vues secrètes. J'ai pensé librement, j'ai jugé sur mes idées et sans y attacher beaucoup de mérite, je n'ai rien négligé pour saisir la vérité.

MÉMOIRES HISTORIQUES

SUR

L'ÉTAT DE LIÉGE.

On ne connoît bien les mœurs et l'esprit d'un peuple que par son histoire : les meilleurs raisonnemens sur cet objet ne valent point la théorie des faits. C'est surtout aux Liégeois qu'on peut appliquer ce principe : C'est dans le tableau de leurs révolutions, dans le flux et le reflux continuels de leurs volontés ambulantes, dans leur infidélité aux traités, dans la fureur et l'animosité de leurs factions, qu'on reconnoît ce même esprit qui les anime encore. Ce n'est point chez eux qu'on observe une marche suivie, un plan de conduite déterminé. Ce qu'ils ont fait, dans un moment donné, n'indique pas ce qu'ils feront dans une circonstance équivalente. Rien n'est moins lié que le corps de leurs événemens; et c'est l'image de leur esprit.

Je place ici une courte dissertation sur le prince, sur les trois ordres de l'Etat, ses tribunaux, ses lois et ses coutumes. Le tableau de ce gouvernement en précède naturellement l'histoire.

La principauté de Liége est un des grands fiefs de l'Empire. Elle fait partie du cercle de Westphalie, dont les directeurs perpétuels sont l'évêque de Munster, le roi de Prusse et l'électeur palatin.

L'évêque en est souverain. Il est élu par son chapitre, confirmé par le pape et investi par l'empereur.

Son pouvoir, déjà limité par les capitulations impériales, l'est encore par les transactions particulières que le chapitre de Liége lui présente au moment de son élection et qu'il promet d'observer.

Il ne peut établir de péage (1) dans sa principauté, sans le consentement de l'empereur et du collége électoral.

Il ne peut faire de nouvelles lois, ni lever d'impôts, sans le concours des trois ordres. Ces ordres, qui composent le gouvernement, sont l'état primaire, l'état noble et l'état tiers.

---

(1) Capitul. de Franc. 1.er, art 8, §. 8 et suiv.

Mais les mandemens de police émanent de sa seule autorité.

C'est le chapitre cathédral qui jouit seul du droit de l'élire et c'est lui qui, dans la vacance du siége, est l'unique administrateur de la souveraineté.

Mais, premièrement, le droit que s'arroge le chapitre de nommer son évêque, à l'exclusion des Etats, n'est qu'une usurpation.

Secondement, jamais, dans la vacance du siége, il n'avoit administré la souveraineté ; ce ne fut qu'en 1688, plus de quarante ans après que le traité de Westphalie eut établi une loi contraire à cette prétention ; loi confirmée depuis par les capitulations de l'empire.

Je vais m'attacher à développer ces vérités, par le simple exposé des faits.

Les premiers évêques de Liége, sujets de la France, furent nommés par ses rois, qui disposoient alors des évêchés, à l'exclusion du clergé et du peuple. Depuis la prise de Tongres par Clovis, en 492 jusqu'en 590, ils furent tous installés par le souverain. Dans le septième siècle, nos rois les nommoient encore, de l'avis des évêques et des grands. Louis le Débonnaire et Charles le Chauve en usèrent de même ; et quoique le premier eût rendu au clergé et au peuple la liberté des suffrages, il falloit qu'ils obtinssent son consentement. Saint Hubert qui fleurissoit en 696, fut nommé par le clergé et le peuple; mais Pepin le confirma. La plupart de ses successeurs furent élus de même, jusqu'en 1691, que la noblesse de Liége eut aussi sa voix dans les élections. Les trois ordres jouirent de ce privilége jusqu'en 1240, que le pape Grégoire IX s'en empara.

Dès l'an 869, on avoit porté un décret dans le huitième concile général de Constantinople, par lequel on n'admettoit que le clergé aux élections; et il étoit défendu de recevoir pour évêques ceux qui auroient été nommés par les souverains.

Pendant le onzième siècle, les papes firent couler des flots de sang pour la querelle des investitures. Ils parvinrent à s'en emparer, dans un concile de Latran, tenu l'an 1123. Depuis cette époque, il ne fut plus question à Liége du concours des trois ordres dans l'élection de ses évêques. Les papes se rendirent collateurs du siége, jusqu'au milieu du quatorzième siècle. Il paroît vraisemblable que durant le schisme des anti-papes, qui divisoit alors l'église, quelque pontife, jaloux d'attirer dans son parti le chapitre de Liége, l'aura gratifié du droit d'élection. Ce qu'il y a de certain, c'est que ce droit lui passa brusquement, sans qu'on découvre aucune trace qui justifie son usurpation.

Du moment que l'usage s'introduisit de ne choisir ordinairement pour évêque qu'un capitulaire ; du moment surtout que le chapitre fut en possession de le nommer, à l'exclusion des Etats, il marcha sourdement vers le *condominium*. On le vit même quelquefois en opposition avec le prince, pour l'exercice de sa souveraineté. Il naquit alors entr'eux un conflit de puissance; mais les prétentions du chapitre ne s'élevoient que dans le trouble des guerres civiles, et elles étoient sur-le-champ réprimées. Il fallut qu'après plusieurs siècles, la faveur des circonstances l'enhardit, dans la vacance du siége, à déployer le caractère de la souveraineté ; mais cet acte illégitime étoit contraire à l'usage et contraire aux principes. Dans le fait comme dans le droit, ce ne fut qu'une usurpation.

Dans la primitive église (1), l'ancien presbytère apostolique avoit part au gouvernement du diocèse, sous l'autorité de l'évêque. Les cathédrales qui succédèrent à ce clergé devinrent le conseil du prélat, *ecclesiæ senatus*. Elles ont été chargées de maintenir la discipline ecclé-

---

(1) Jurisprud. canon. de Lacombe.

siastique dans la vacance du siége, sans cependant avoir droit de rien faire de ce qui touche au caractère épiscopal. Cette clause est expresse dans les Décrétales. Il est même constant que pendant la vacance, elles ne peuvent exercer en corps l'autorité épiscopale, mais qu'elles doivent nommer des grands vicaires.

L'Histoire du Chapitre de Liége vient à l'appui de ces principes. Qu'étoit-il dans l'origine? Une communauté de clercs établis par Saint Hubert pour le service de son église, qui habitoient la maison de l'évêque, y étoient nourris et vêtus à ses frais, observoient sous sa discipline une règle étroite, ne possédoient rien en propriété, vivoient des bienfaits de leur prélat, et sans doute étoient bien loin de prétendre alors lui disputer la souveraineté.

Dès l'an 1154, l'évêque Henry de Leyen se proposant de suivre en Lombardie l'empereur Frédéric, confia le soin du gouvernement à la noblesse, et chargea des affaires ecclésiastiques le grand prévôt, deux autres capitulaires et l'abbé de Saint Jacques.

En 1297, Jean de Châlons, pendant l'absence de l'évêque son frère, fut élu régent, sous le nom de *mambour*. On jouissoit, par cette dignité, des prérogatives et des revenus de la principauté.

En 1302, à la mort d'Adolphe de Valdeck, Arnold, comte de Looz, fut nommé mambour.

En 1304, Jean de Bar fut revêtu par les Etats de ce même pouvoir, dans l'absence de son frère, qui venoit d'être fait évêque.

En 1311, l'évêque Thibaut partant pour l'Italie, fit déférer la mambournie à Jean de Perche.

En 1313, à la mort de cet évêque, le chapitre voulut s'approprier l'élection du mambour. Il prétendoit qu'ayant le droit d'élire l'évêque, il avoit également celui d'élire son vicaire ; comme il étoit soutenu par le peuple dans cette occasion, il l'emporta, malgré l'opposition de la noblesse et des échevins. Il faut observer que Thibaut avoit été le premier évêque élu par les seuls capitulaires, et qu'ainsi le droit dont ils se prévaloient étoit encore récent.

A la mort d'Adolphe de la Marck, le chapitre voulut encore élire le mambour, mais il le fut par les Etats.

Les Etats l'élurent en 1364, lorsqu'Englebert de la Marck eut abdiqué l'évêché.

Ils l'élurent encore après la mort de Jean d'Arkel, successeur d'Englebert.

Arnold de Horne ayant été fait évêque par le

pape Urbain VI, chargea son frère d'administrer la souveraineté dans son absence.

L'évêque Jean de Bavière statua que le chapitre auroit seul le gouvernement dans la vacance du siége ; mais cette sentence fut annulée par un diplôme de Sigismond, qui maintint les choses dans leur ancien état ; et Jean de Bavière ayant abdiqué l'évêché, les Etats élurent le mambour suivant l'usage.

En 1444, Jean de Hinsberg, avant son voyage pour la Terre Sainte, confia le gouvernement politique au comte de Blankenheim, et les affaires ecclésiastiques au grand doyen.

En 1456, pendant l'absence de l'évêque Louis de Bourbon, quand il fut question d'élire un mambour, les bourguemestres vouloient qu'il fût nommé par les Etats. Le chapitre prétendoit que ce droit n'appartenoit qu'à lui. Les échevins consultés décidèrent en faveur des Etats.

A la mort de Louis de Bourbon, Guillaume d'Aremberg fut proclamé mambour.

La noblesse avoit commencé à former un des ordres de l'Etat, dans le douzième siècle. Elle étoit appelée aux assises, et elle assistoit aux élections. Avant la création du mambour, c'étoit la noblesse et les échevins qui gouvernoient dans la vacance du siége. La dignité de mambour fut établie à la fin du treizième siècle, et abolie en 1486, dans le temps où la magistrature avoit la plus grande influence sur le gouvernement. Alors on convint, de l'aveu du chapitre, de confier, dans la vacance du siége, la régence aux bourguemestres et au conseil de ville. En vertu de ce décret, à la mort de Jean de Horne qui l'avoit porté, les bourguemestres et le régent, qu'on ne nommoit plus mambour, mais capitaine du chapitre, publièrent, de concert, des ordonnances, et furent appelés à l'élection de l'évêque Éverard.

En 1484, à l'intronisation de l'évêque Jean de Horne, il avoit été reçu aux portes de la ville par les bourguemestres, et il avoit prêté serment entre leurs mains. Pourquoi pas entre les mains du chapitre, si celui-ci avoit eu la souveraineté?

En 1581, l'évêque Ernest prêta le même serment entre les mains des bourguemestres, et les historiens observent que c'étoit l'usage de ce temps.

Il seroit aisé de prouver, par une longue suite d'événemens, que le magistrat, dans la vacance, possédoit toute l'autorité, nommoit les régens, faisoit les lois, et disposoit des emplois de la république.

Depuis l'élection d'Everard, qui se fit l'an 1505, jusqu'à la mort de Maximilien Henry, en 1688, la plupart des évêques se succédèrent par coadjutorerie, et le siége ne vaqua que trente-trois jours. Maximilien Henry ayant abaissé la noblesse, et pour ainsi dire anéanti la magistrature, le chapitre, à sa mort, se trouva sans concurrent, et possesseur de toute l'autorité; ce fut aussi à cette époque qu'il agit en souverain.

Mais quels sont ses titres? La prescription? Elle n'existe ni par le fait, ni par le droit. « Toutes les choses, disent les publicistes, qui » par leur nature sont inaliénables, telles que » les rivières, les chemins, le domaine souve- » rain, sont imprescriptibles, y dût-il même » possession de plus d'un siècle, parce que la » prescription renferme une aliénation (1) ».

Quels sont ses titres encore? Le droit de prendre possession d'une chose abandonnée?

Mais c'étoit ici le cas d'une usurpation, d'une spoliation de domaine. On a vu qu'une loi établissoit le magistrat en possession de la régence, pendant le *sede vacante*. Maximilien qui avoit aboli cette loi, avoit-il le droit de le faire? Celui qui ne peut ni changer les régle-

---

(1) Collection de jurisprudence.

mens, ni les former, peut-il les abroger ? Il violoit la paix publique. Cette paix lui disoit : « Personne n'ôtera à qui que ce soit, par la voie » des armes......, ses possessions, droits régaliens, » juridictions et autres biens et droits, quelques » noms qu'ils puissent avoir ».

Tandis que Maximilien Henry faisoit couler le sang des bourguemestres, et renversoit la magistrature, par son réglement de 1684, il se concilioit le chapitre, par un mandement particulier, qui portoit « que s'il se trouvoit en » après convenable au bien public de changer, » modérer ou interpréter quelques points de ce » réglement donné à la bourgeoisie de Liége, ou » lorsqu'il s'agiroit d'y commander les armes ; » il n'ordonneroit rien sans prendre l'avis dudit » chapitre ».

Il étoit plus facile à Maximilien de faire recevoir son réglement, avec une armée de 30,000 hommes, que de légitimer cette violence. Elle a produit de bons effets ; mais elle n'a pu autoriser l'usurpation du chapitre.

Invoquera-t-il les capitulations impériales ? L'article XIV de celle de François Ier. maintient les priviléges, statuts, coutumes des évêques et chapitres, et leurs droits *légitimement acquis*. Mais il *n'entend point déroger à la paix publique ni au traité de Westphalie ;*

à ce traité devenu la base fondamentale des lois de l'empire et de ses libertés.

Si les capitulations subséquentes sont dites avoir confirmé implicitement la possession du chapitre, ce n'est que par tolérance, et à titre de choses admises par l'usage, puisqu'elles avoient d'abord confirmé le premier état, et proscrit préventivement la possession dont il s'agit.

Une loi ne peut être contradictoire avec elle-même : elle ne peut à-la-fois établir une chose et l'abroger. C'est dans l'article même où l'empereur confirme en général les priviléges du chapitre, qu'il déclare sur tous ces points ne pas entendre déroger au traité de Westphalie.

Mais que porte ce traité ? Il dit formellement, au §. IV, de l'article V, « que tant l'élection et » la postulation que l'administration et la régie » des droits épiscopaux, pendant la vacance des » siéges demeureront en tous lieux libres au » chapitre *et à ceux à qui, pareillement avec* » *le chapitre, elles appartiennent, suivant* » *l'usage établi* ».

A l'article XVII, il est dit, par addition à ce même traité :

« Que pour plus grande force et sûreté de » tous et chacun de ces articles, cette présente » transaction sera désormais une loi perpétuelle

» et une pragmatique sanction de l'empire..., la-
» quelle sera nommément insérée dans la capi-
» tulation impériale...., si bien que ce sera une
» règle prescrite...., qu'on ne pourra jamais allé-
» guer, entendre ni admettre contre cette tran-
» saction aucun droit canonique ou civil, ni au-
» cuns décrets généraux ou particuliers des con-
» ciles, ni aucuns priviléges..., édits..., mande-
» mens, décrets rescrits, *capitulations impé-*
» *riales*, et autres.... protestations faites ou à
» faire, contradictions, appellations..., ni aucuns
» autres statuts, soit politiques ou ecclésiasti-
» ques..., ni aucunes autres exceptions qui pour-
» roient être imaginées, sous quelque nom ou
» prétexte que ce soit ».

Et c'est cependant contre ce traité si saint, si respecté, que, quarante ans après, le chapitre de Liége, ose s'élever, en s'emparant, contre *l'usage établi,* d'une régence qui appartenoit à la noblesse et à la magistrature !

Je vais hasarder quelques réflexions sur cet objet.

Quoique le droit d'élire le prince soit une usurpation manifeste du chapitre sur les Etats, qui le partageoient originairement avec lui, quand nos rois, les empereurs et les papes ne l'exerçoient pas ; il paroît raisonnable que l'élection soit décernée au chapitre.

Si le prince est prince parce qu'il est évêque de Liége, dès qu'il est électif, il est naturel qu'il soit nommé par des ecclésiastiques, juges compétens des vertus et des qualités de leur état.

Mais le *condominium*, mais la propriété dont le prince n'a que l'usufruit, sont des chimères démenties par l'histoire et par tous les usages, contraires à la raison et à la nature des choses.

Il en est de même de la souveraineté, pendant la vacance du siége. Il est inutile de rechercher lequel des anciens usages seroit le meilleur. Celui de nommer un mambour peut être trop dangereux. Il n'auroit qu'à reculer l'élection par son influence : s'il étoit appuyé, il pourroit parvenir à usurper la souveraineté, ou du moins la faire passer à qui il voudroit. Deux régences, du talent, des secours, et l'on auroit un maître séculier ; surtout dans des temps où l'église ne peut que conserver ce qu'elle possède.

La méthode la plus sage, la plus fondée en droit et dans l'esprit de ce gouvernement, seroit de laisser l'exercice de l'autorité épiscopale au synode, sous la direction du chapitre seul, et celui de l'autorité politique au conseil privé du feu prince, sous la régence des États à qui il rendroit ses comptes.

Si jamais ces questions étoient agitées violemment, le chapitre seroit fort heureux de voir établir un arrangement auquel on l'amèneroit sans peine, pour peu qu'il craignît de partager l'élection. Son droit seroit consolidé. Il seroit évêque entièrement, comme chapitre, et prince pour sa cote-part, comme État. Cette manière d'être, bien cimentée, et décorée de la belle prérogative de nommer le maître, vaudroit mieux, indépendamment de ses avantages réels, qu'une souveraineté douteuse, inconséquente, que des prétentions hasardées au domaine : elle seroit exempte du danger que peut courir celle-ci d'en voir attaquer les titres dont l'examen bien discuté, et la réclamation fondée des États feroient évanouir les conséquences abusives.

Je passe au tableau de la constitution liégeoise.

Quoique l'on puisse regarder cet État comme aristocratique, il paroît être plutôt un mélange bizarre de gouvernemens qu'un gouvernement propre. On y voit un souverain, comme dans les monarchies, un sénat et un corps de nobles, comme dans les aristocraties; on y voit, comme dans les démocraties, le peuple à la tête de l'État, et comme dans les républiques fédératives, une association de toutes les villes de la province.

Ces villes, en y comprenant la capitale, sont au nombre de vingt-trois. Il y en a qui, comme Looz et son district, ont des lois particulières, spécialement pour la noblesse. Plusieurs, telles que Thuin, Couvin, Fosse, Béringhem, Péer, Herck, Hamont, Warem, et Châtelet, maintiennent leur magistrature dans l'indépendance, relativement à son élection. Les villes où le prince a le droit de renouveler la magistrature chaque année, ou plutôt d'en nommer une partie, sont celles de Liége, de Huy, de Hasselt, de Saint-Trond, de Looz, de Dinant, de Cincy, de Tongres, de Bilzen, de Maseyck, de Brée, de Stokem, de Visé et de Verviers.

Les États, *primaire*, *noble* et *tiers*, composent les trois ordres du gouvernement.

Les cinquante-neuf capitulaires de la cathédrale forment l'État primaire. Ils sont encore considérés comme chapitre et comme clergé. Sous chacune de ces dénominations, leurs procédés sont absolument distincts et séparés.

Comme chapitre, ils composent le sénat du prince. Pour y être admis, il faut être noble, chapitrable, ou gradué.

Comme État primaire, ils concourent avec les autres États à donner la sanction aux édits émanés du prince. Quand leurs recès sont uniformes, ces édits ont force de loi.

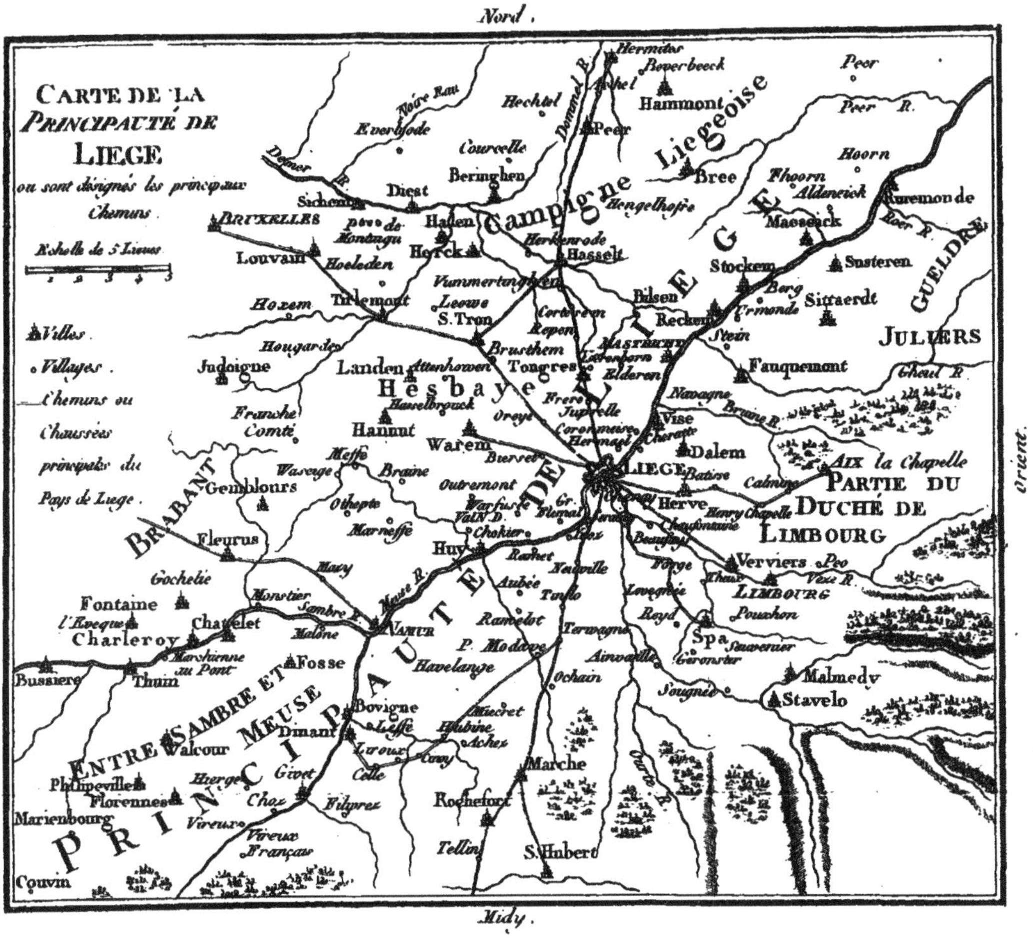
Nord.
CARTE DE LA PRINCIPAUTÉ DE LIEGE
ou sont désignés les principaux Chemins.
Echelle de 5 Lieues
Villes.
Villages.
Chemins ou Chaussées principales du Pays de Liege.
Campigne Liegeoise
Hesbaye
PRINCIPAUTÉ DE LIEGE
ENTRE SAMBRE ET MEUSE
BRABANT
GUELDRE
JULIERS
PARTIE DU DUCHÉ DE LIMBOURG
LIEGE
BRUXELLES
Louvain
Tirlemont
S.Tron
Tongres
Hasselt
Diest
Beringhen
Peer
Hammont
Bree
Maeseyck
Ruremonde
Stockem
Susteren
Sittaerdt
Bilsen
Mastricht
Fauquemont
Vise
Dalem
Aix la Chapelle
Herve
Verviers
Limbourg
Spa
Malmedy
Stavelo
Huy
Namur
Dinant
Givet
Charleroy
Chatelet
Fleurus
Gemblours
Judoigne
Landen
Hannut
Warem
Marche
Rochefort
S.Hubert
Tellin
Philippeville
Florennes
Marienbourg
Couvin
Bussiere
Thuin
Fosse
Walcour
Bovigne
Meuse R.
Sambre R.
Demer R.
Roer R.
Midy.
orient.

Comme clergé, ils coopèrent avec le clergé secondaire.

On comprend sous ce dernier nom les collégiales et les curés des paroisses.

L'Etat noble compose le second ordre. On prétend qu'autrefois, pour y être admis, il suffisoit d'être possesseur d'un fief noble, et que ce n'a été qu'à la fin du règne de Maximilien Henry, que ses membres ont été tenus d'être chapitrables et d'en faire les preuves.

Cet Etat, comme le premier, nomme tous les ans quatre députés. Ce sont les seuls juges compétens des questions relatives aux subsides et aux deniers publics. On a contre leurs sentences le bénéfice de révision. On peut aussi en appeler à l'assemblée des Etats : mais cet appel n'en suspend point l'exécution.

L'Etat tiers est composé de tous les bourguemestres, tant de Liége que des autres villes de la province. Ses députés sont les deux bourguemestres de la cité, et quatre autres des villes valonnes et flamandes.

Les députés des différens ordres s'assemblent trois fois par semaine, pour les affaires ordinaires, et les Etats en corps, toutes les fois qu'ils sont convoqués par le prince pour des cas extraordinaires. Chaque ordre, séparément, peut s'assembler de lui-même.

Sur les propositions du prince, présentées par son chancelier, les États délibèrent entr'eux, et d'après leurs résultats, chaque ordre porte son recès. Quand ils sont tous les trois d'un même avis sur un point de la proposition, le recès rendu sur ce point, est *uniforme* ; et *difforme*, quand leurs avis sont différens.

On appelle *jointe*, une députation des trois ordres, qui s'assemble avec le conseil privé.

La Journée d'État est une assemblée générale de ces mêmes ordres, qui se tient dix jours consécutifs. Le prince peut prolonger ce terme quand l'importance des délibérations le demande ; mais alors les États peuvent se dissoudre sans attendre son congé ; et ils laissent à leurs députés ordinaires le soin des affaires qu'ils n'ont pu conclure. Ces mêmes députés sont chargés de présenter les recès de leur ordre au prince, qui les fait déposer au conseil privé.

Il est rare que dans une seule journée d'État, toutes les questions se décident. Il s'en tient ordinairement deux ou trois dans le cours de l'année.

Les États ont deux trésoriers-généraux et six receveurs provinciaux : chacun d'eux a son préposé et son greffier. Le prince a trois députés, la ville en a deux.

Seize chambres représentent la généralité

de la bourgeoisie. Chacune est composée de trente-huit citoyens, dont un seul est noble : les autres sont patriciens, marchands ou artisans. Les places de chambres sont données par le prince, qui permet quelquefois aux possesseurs de les vendre. Tout bourgeois doit s'y faire inscrire, sous peine d'être déchu de ses priviléges. C'est ainsi qu'à Rome tout citoyen qui ne se faisoit pas inscrire dans le cens étoit réputé esclave. Je retrouverai souvent le droit romain dans les usages liégeois, parce que leurs usages ont été la plupart établis sur ce droit.

Pour posséder des charges dans les chambres, il faut être *né et nationné* Liégeois; c'est-à-dire, l'être d'origine, non seulement par sa naissance, mais par celle de son père. La mère étrangère n'exclut point son enfant des charges; et en cela, les législateurs se sont éloignés des Romains (1), qui exigeoient que pour avoir le droit de cité, on fût né de père et mère citoyens.

Ces chambres s'assemblent au mois de septembre, pour l'élection magistrale. Les commissaires de la ville choisissent par le sort trois personnes dans chaque chambre, les conduisent à la maison de ville, et les présentent aux deux présidens de l'élection, qui sont membres du

---

(1) Tite-Live, liv. 43.

devant tout un peuple, a l'effet le plus imposant. C'est une cérémonie auguste, grande, majestueuse et dont on ne peut avoir l'idée que dans une république. Quel moment plus attendrissant que celui où cette foule de citoyens court embrasser le maître qu'elle vient de se donner, et qu'elle a tiré de son sein ! On s'étonne moins des révolutions que produisit autrefois cette dignité chez les Liégeois, quand on voit l'impression profonde qu'elle fait encore sur leur esprit.

Les bourguemestres sortis d'Etat livrent aux régens les clefs magistrales. Ils les confient quelquefois au mayeur qui s'en sert, dans les cas criminels, pour faire ouvrir les portes des bourgeois.

Un particulier qui refuse d'être bourguemestre, est obligé de payer une amende de 200 florins. Les lois, dit Montesquieu, peuvent forcer un citoyen à accepter un emploi public dans un gouvernement républicain. Platon, ajoute-t-il, met ces refus au nombre des marques de la corruption de la république. Il veut qu'on les punisse par une amende : à Venise, on les punit par l'exil.

En sortant de régence, on ne peut être bourguemestre qu'après un interstice de trois ans.

Les bourguemestres s'assemblent avec le

conseil de ville en activité, et celui de l'année précédente, pour juger les affaires de police et les objets qui concernent les deniers publics, les arts et les métiers.

Dans les cas instans, ils demandent au conseil privé la permission de convoquer la généralité des chambres. Chacune tient une assemblée particulière, et fait son recès. Ces recès sont portés au conseil privé ; ils passent à la pluralité, et le conseil, sur le vu des suffrages, accorde son octroi. En cas d'égalité de voix entre les seize chambres, les bourguemestres ont la prépondérance.

Il y a quelque temps qu'on vit s'élever un débat très-sérieux sur un octroi accordé par le prince à la généralité. Elle avoit besoin d'un subside, et elle proposoit d'établir un péage aux portes de la ville. Le chapitre avoit d'abord accédé au mandement du prince ; l'Etat noble s'y étoit opposé, parce qu'il le jugeoit contraire aux capitulations impériales. Le chapitre changea d'avis et se joignit à la noblesse. Le procès fut porté au conseil aulique, et le prince y fut condamné.

Vingt-deux commissaires forment, avec les deux bourguemestres, les vingt conseillers de la cité, et le vieux conseil, le corps complet de la magistrature, et on emploie le même procédé pour leur élection; mais leur charge est perpétuelle.

Quand il y en a quelqu'une de vacante dans un quartier, le siége des commissaires lui envoie un mandement, pour faire un nouveau choix. Sur cette dénonciation, les représentans du quartier se rendent dans la maison curiale, avec les commissaires députés du siége, et après le serment ordinaire, ils nomment à la pluralité des voix trois personnes choisies dans la généralité des paroisses qui concourent à l'élection. Leurs noms sont écrits sur des bulletins, et le pasteur tire au sort un des trois noms, qui est porté par les députés au siége des commissaires. Si les bulletins des autres paroisses du quartier ne sont pas uniformes, le siége ballotte les noms présentés et ce nouveau sort détermine l'élection.

Ces commissaires ne peuvent être bourguemestres, ni échevins, ni membres des vingt-deux.

Leur fonction se borne aujourd'hui à faire l'élection magistrale et à juger des qualifications des bourguemestres nommés par les électeurs de la ville.

Ils concourent, dans les cas extraordinaires,

avec le conseil de ville, aux délibérations du magistrat. Ils examinent et approuvent les enquêtes des officiers de la cité.

Le premier tribunal du prince, celui qui exerce en son nom la souveraineté, est le conseil privé. C'est à lui que le prince envoie les recès qui lui sont présentés par les Etats. Quand ces recès sont uniformes, il y ajoute le mandement exécutoire, et, revêtus de cette autorité, ils font alors *le cens du pays.*

Ses ordonnances pour la police, les tailles, les arts et les métiers, sont sans appel. Il prend quelquefois sur ces objets *l'avis* du chapitre cathédral.

C'est au conseil privé qu'on appelle des sentences portées par les magistrats des villes de la province, relativement aux impôts et aux autres charges publiques; des sentences portées par les commissaires, en matière de qualification (1).

Il accorde le bénéfice de révision contre les sentences des bourguemestres et du conseil de la cité, sur les deniers publics; contre celles de l'official en matière civile et profane ; contre

---

(1) Aussi est-il assemblé pendant l'élection des bourguemestres.

celles du conseil ordinaire, quand ces sentences ne sont pas appelables à l'Empire.

Il a juridiction sur les tailles, et il décide des questions d'inégalité et de surcharge.

C'est de lui que les communautés de village prennent le décret pour aliéner leurs communes.

C'est lui qui dispose des places de chambre.

C'est devant lui que se produisent les diplomes de la noblesse.

Il exerce l'autorité souveraine, à la réserve de la collation des charges et de la remission des délits inhérentes à la personne du prince.

On ne peut appeler de ses sentences au prince, qui est censé lui-même avoir jugé; mais on a la voie de restitution à ce tribunal, dans les affaires de police, et la révision dans les affaires civiles.

Les réviseurs du conseil privé sont choisis par le prince, sur une liste de *diffidens* et de confidens qui est présentée par les parties. Les premiers sont ceux qu'elles rejettent; les autres, ceux qu'elles adoptent.

Pour les révisions des sentences du conseil ordinaire, il faut sept examinateurs, et trois pour celles de l'officialité.

Pour celles du conseil de ville; deux échevins, deux anciens bourguemestres, un commissaire et deux juristes.

Les réglemens de police du conseil privé sont revêtus d'une autorité suffisante, dès qu'ils sont approuvés par le prince qui nomme, à cet effet, un procureur-général pour veiller à leur exécution.

La chambre des comptes juge des causes qui concernent le domaine de l'évêque et les revenus de sa mense épiscopale.

C'est lui qui choisit les officiers de cette cour. Elle est composée de capitulaires et de séculiers, en nombre égal : elle a un président, un trésorier-général et un secrétaire en chef.

Le conseil ecclésiastique, autrement dit le *synode*, est composé de tréfonciers, de chanoines, de curés et de prieurs : le grand-vicaire en est le président.

Ce conseil est chargé d'examiner tout ce qui peut blesser les mœurs, la religion et la discipline ecclésiastique.

L'official exerce la juridiction contentieuse et spirituelle. Il est juge des matières ecclésiastiques en dernier ressort.

Il concourt dans les matières personnelles, avec les échevins de Liége.

En matière de mœurs, il prononce tant contre les ecclésiastiques que contre les laïcs, des décrets de séquestration, ou jugemens appréhensifs, sur les plaintes des parties intéressées, et d'après une enquête faite par la production de témoins.

Souvent une femme qui se prétend lézée par son mari, obtient contre lui un de ces décrets, et le fait enfermer.

L'official tient le siége avec deux avocats fiscaux, qui, dans son absence, y président successivement.

Un des grands abus de ce tribunal, odieux dans une république, c'est d'être occupé par un juge unique. Un pareil juge, s'il ne se borne aux causes sommaires, est dans tous les gouvernemens l'image du despotisme.

Quoiqu'il soit moins l'officier de l'évêque que de l'évêché, cependant le prince peut le destituer. On en a vu des exemples. Il est même obligé, tous les trois ans, de lui représenter sa commission, pour qu'il la renouvelle.

Les échevins jugent les affaires criminelles, en dernier ressort. En matière de spiritualité, ils défèrent à l'official.

Cette cour est composée d'un grand mayeur, de quatorze échevins, de deux sous-mayeurs, de onze greffiers et de deux chambellans.

Leur charge est perpétuelle: l'évêque la donne ou la vend.

Ils sont gardiens des édits et des mandemens, et ils assistent avec le souverain officier à la publication qui s'en fait.

Ils établissent les cours des jurés, et conservent les prototipes des poids et des mesures.

Ils fixent, toutes les semaines, le prix du pain, d'après les essais qu'ils font faire sur le rapport du grain.

On porte devant eux le glaive de la justice, et ils marchent dans les cérémonies publiques, avec un bâton rouge qui signifie la criminalité.

Quand le magistrat se rend au tribunal des échevins, pour les enquêtes et les procès qui touchent la franchise, le président des échevins reste seul dans le fauteuil.

Ils prêtent serment dans le chapitre, et deux de leurs membres, ainsi que le grand mayeur, sont toujours du conseil privé.

Ils ne jugent qu'à la semonce du mayeur, et sur les plaintes des parties. Pour les causes d'honneur, ils ne peuvent être moins de quatre.

La charge de grand mayeur est amovible. Souverain officier du prince, il poursuit les crimes, et fait porter devant lui le glaive, comme on portoit les faisceaux devant les consuls de Rome.

Le conseil ordinaire est composé de neuf

officiers nommés par le prince et par les Etats.

Il est le conservateur des priviléges impériaux, et juge en première instance des contraventions à ces priviléges.

Il est juge d'appel des sentences rendues en matière civile par les échevins, et de celles des cours féodales et allodiales.

Il juge en dernier ressort des causes qui n'excèdent point le *non apellando* ; sauf, dans ces causes, le bénéfice de révision au conseil privé.

On peut appeler de ce conseil aux Dicastères de l'Empire, dans les causes qui excèdent la somme de 6000 florins en immeubles, et de 3000 en meubles.

La cour féodale est composée de douze conseillers pris dans les trois ordres, d'un mayeur et d'un greffier. Le président est membre de l'Etat noble, et il a le titre de lieutenant du prince.

Sa juridiction s'étend sur tous les fiefs qui relèvent immédiatement du prince et de ses vassaux.

La salle de Curenge juge des fiefs du comté de Looz.

La cour allodiale est formée sur le même modèle que la cour féodale.

On y traite de tout ce qui concerne les biens allodiaux, que nous nommons *allodes*.

Ces biens ne sont pas fiefs, et ils en diffèrent en ce que le fief est sujet au devoir de la foi envers celui qui l'a concédé, et que le vassal n'en a que le domaine utile, sans pouvoir disposer du fonds; au lieu que l'*allode* est un bien exempt de tous devoirs seigneuriaux, qu'il est de libre disposition, que les femmes peuvent en acquérir et y succéder avec les mâles (1).

Dans le pays de Liége (2), il y a des biens censaux aussi libres que les *allodes*, dont les possesseurs ont le domaine direct et utile. Les biens censaux dépendent des échevins de Liége et des cours subalternes. Ces biens ne sont sujets qu'à la taille.

La cour de fermeté est chargée de veiller à l'entretien du pavé de la ville et des chaussées. C'est pour fournir à cette dépense qu'elle lève un impôt aux barrières.

Le tribunal des vingt-deux est hors de la classe de tous les autres, indépendant du prince et mis sous sa sauve-garde.

Chacun des trois ordres nomme quatre de ses membres. Les villes valonnes et flamandes nomment les dix autres dans l'ordre suivant : Deux sont nommés par Dinant; un par Fosse;

---

(1) Collection de jurisprudence, tom. 1.
(2) Recueil des édits.

deux par Huy; un par Thuin; un par Hasselt; un par Looz; un par Saint Trond; et le dernier par Tongres.

Ce tribunal exerce une autorité rigide et menaçante. L'exécution de ses sentences ne supporte aucun délai. Sur la requête des parties, il s'assemble à toute heure de jour ou de nuit, et mande sur-le-champ les officiers ou les juges prévaricateurs : sa juridiction s'étend sur tous les hommes publics qui abusent de leur pouvoir, et sur les particuliers possesseurs de mauvaise foi, usurpateurs ou coupables d'excès contre la liberté, l'honneur, et les biens des bourgeois.

Ses sentences se portent à la pluralité des voix. Ceux qu'il condamne sont déchus de tous leurs priviléges, jusqu'à l'entière exécution de la loi.

Le prince est seul à l'abri de cette judicature. Plusieurs chanceliers y ont été cités.

Un des vices de cette magistrature est moins d'avoir tous ses membres annuels, que d'être presqu'entièrement composée de jeunes gens, qui, peu instruits des lois à leur nomination, sont remplacés au moment où ils commencent à les apprendre. De-là l'irrégularité de leurs jugemens, souvent cassés par les réviseurs.

Les vingt-deux sont regardés comme l'appui de la constitution liégeoise, et à quelques égards ils remplissent cette idée, en forçant les officiers infracteurs à réparer la foule. Mais qu'ils seroient autrement redoutables, si n'en renouvelant qu'une partie chaque année, on n'admettoit dans leur sein que d'anciens magistrats et les personnages les plus instruits des trois ordres. Il faudroit encore qu'ils fussent indépendans, comme l'étoient les légistes d'Athènes, les éphores de Sparte et les censeurs de Rome. Ces juges faisoient rendre compte aux magistrats, et ne rendoient pas compte eux-mêmes. Leur inquisition étoit plus effrayante que celle des vingt-deux, qui sont soumis aux Etats réviseurs.

Ce dernier tribunal est composé de douze personnes. Trois sont nommées par les Etats, deux par Liége, une par Dinant, une par Fosse, une par Huy et une par Thuin.

Les bourguemestres régens de Liége sont réviseurs pendant l'année de leur magistrature.

L'official l'est perpétuellement. L'objet de leurs fonctions est de revoir les sentences des vingt-deux.

Quoiqu'il soit expressément défendu d'appeler de ce dernier tribunal à ceux de l'Empire, il suffit que dans une cause portée aux réviseurs, il y ait un incident de cette même cause pendant aux cours impériales, pour que l'empereur attire à lui tout le procès, et il ne manque jamais d'en saisir l'occasion. Jaloux d'un tribunal qui semble lui dérober une partie de sa juridiction, il est intéressé à l'affoiblir. On l'a vu, de nos jours, casser une sentence des réviseurs; et c'est où va se perdre ce fantôme de liberté.

Il y eut un moment, sous le dernier règne, où ces deux tribunaux furent près d'être abolis. L'évêque avoit déjà gagné la noblesse et l'état tiers; mais il trouva des oppositions dans le chapitre. Le prince régnant prétend avoir contribué plus que personne à leur conservation.

Dans un pays plein d'immunités et de franchises, la législation ne peut frapper que sur un petit nombre de citoyens.

A Liége, il y a des priviléges pour les ecclésiastiques; il y en a pour ceux qui occupent les emplois publics; il y en a pour ceux qui les ont occupés; il y en a pour la noblesse; il y en a pour les bourgeois.

Le pauvre homme (1), dit la coutume, est roi chez lui.

Le mayeur ne peut saisir un bourgeois dans sa maison, pour cause civile, qu'il n'ait été

---

(1) Coutume de Liége, par Mean, chap 3.

jugé, convaincu et condamné ; et pour crime, même pour un assassinat, quand il n'a pas été pris sur le fait, qu'après un décret de capture et avec la clef d'un bourguemestre ; il faut une multitude de formalités pour l'arrêter ; il en faut pour le punir. Quand on y est parvenu, les biens du coupable qui a payé le délit de sa tête, retournent à ses héritiers.

Le premier diplome (1) accordé aux habitans de Liége, est celui que l'empereur Philippe II leur donna, l'an 1208 ; il les exempte de taille. Il défend de les évoquer, contre leur gré, à d'autres tribunaux qu'à celui des échevins.

Un étranger ne peut exercer de métier, qu'il n'ait été reçu et publié bourgeois.

Les bourguemestres le reçoivent et le font présenter, par le mayeur, au conseil privé qui l'admet au serment. Son admission est enregistrée à la chancellerie et au greffe de la ville. L'étranger, sans ces formalités, ne jouit pas même du droit d'incolat.

Mais quoique devenu bourgeois, il ne peut aspirer aux charges qui ne se donnent qu'aux indigènes ; il ne jouit point du droit de *main-*

---

(1) Recueil des édits, tom. 1.

plévie, qui rend le mari maître des biens de sa femme.

Les lois pénales étoient autrefois très-modérées à Liége. Les crimes même de lèze-Etat ne se punissoient que par l'exil.

Il y avoit une loi du talion (1). Le droit de l'épée ou de poursuivre la vengeance appartenoit aux héritiers d'un homme assassiné, et l'amende ou la composition qui en provenoit, soit en argent ou en héritage, appartenoit à tous les enfans du mort.

Je cite cette loi, pour faire voir que les coutumes de Liége s'étoient fondées sur l'ancienne loi des Francs.

Outre cette composition, il falloit payer un droit, appelé le *fredum*. Il se payoit au seigneur; et c'étoit la récompense de la protection accordée contre le droit de vengeance.

Pour un assassinat, le malfaiteur étoit banni, et le prince avoit droit de brûler sa maison. Il y eut souvent de grands débats entre l'évêque et son chapitre, pour ce droit d'incendie. Le procès fut terminé à l'avantage de l'évêque.

Pour violer la maison d'un bourgeois, ou

---

(1) Coutume de Mean.

faire quelque laideur à sa femme, on étoit condamné à un voyage d'outre-mer, et ce voyage emportoit infamie. C'étoit suivant l'esprit des premières lois germaniques, que la coutume sévissoit sur les insultes faites aux femmes. On verra dans cette Histoire, que l'enlèvement d'une fille produisit une guerre de cinquante ans.

Pour crime de séduction ou de rapt, il y avoit un voyage d'outre-mer; aujourd'hui une fille, d'intelligence avec son ravisseur, se retire dans un couvent et se marie malgré ses parens.

La puissance paternelle règne dans les familles comme elle régnoit dans Rome. Le père est maitre absolu des biens de ses enfans : il peut en disposer sans motif, en faveur d'un étranger, et ne leur laisser que leur légitime. Jusqu'à l'émancipation, ils sont soumis à sa tutelle; et quoique majeurs, ils ne peuvent s'obliger sans son autorité.

L'émancipation se fait devant les échevins; et on peut la faire casser pour cause d'ingratitude.

Comme les enfans sont sous la main de leur père, il doit, dit la coutume, les garantir du feu et de l'eau jusqu'à l'âge de sept ans, et les nourrir jusqu'à ce qu'ils puissent s'alimenter eux-mêmes.

A la mort du père, ils sont sous la puissance de la mère.

Le pouvoir paternel est peut-être nécessaire dans une république, pour suppléer à l'insuffisance des lois; mais comme ce pouvoir illimité a de grands abus, peut-être aussi vaudroit-il autant que les enfans fussent soumis au magistrat.

Pour prévenir le luxe des femmes, la loi a remis tous leurs biens entre les mains des maris, par le droit de *Mainplévie*, qui réunit leurs fortunes communes en un seul patrimoine, dont le domaine appartient au mari et ne passe qu'après sa mort à la femme. Suivant la coutume, elle n'a rien à elle que le ciel et son fuseau.

Mais on peut, par des contre-lettres annexées au contrat de mariage, adoucir la rigueur de cette loi.

Si le droit de *mainplévie* est odieux, celui qui permet au mari de donner tous ses biens à sa femme, au préjudice de ses enfans, n'est pas moins contraire au droit commun.

La loi, dit M. de Montesquieu, qui laisse à la femme tous les immeubles de son mari, contredit la généralité des lois, qui ne souffrent pas que des immeubles sortent de la famille des testateurs.

Tel est, au dix-huitième siècle, l'état de cette législation, qui vraisemblablement ne prendra pas une meilleure forme, tant qu'il n'y aura pas à la tête du gouvernement des gens intéressés à la corriger.

Il y a quelques années, dit-on, qu'un juriste entreprit, sur ces lois, un ouvrage qui fut présenté au chapitre, et supprimé, parce qu'il portoit un jour défavorable sur les immunités des chanoines.

Quant aux abus intérieurs des tribunaux de police, il seroit aisé d'y remédier efficacement, si le corps politique, tel qu'il est, s'appuyoit sur des bases solides et admises. Mais comment veut-on qu'on pense sérieusement à les réformer, quand le premier principe est lui-même abusif, et que les chefs de l'Etat ont des motifs pour tolérer, dans les classes différentes de l'administration, des vices auxquels tout le monde a part? Pour les faire cesser, il faudroit appeler le secours de la raison, de l'Histoire, des usages, des lois, du droit politique et civil. C'est à ce tribunal que des aristocrates d'une espèce bien singulière perdroient un procès que la partie lézée de l'Etat finiroit par leur intenter en s'éclairant; et dont, machinalement, si ce n'est par le secours de leurs lumières, ils s'attacheront toujours à écarter l'idée de l'esprit des États, des magistrats, des tribunaux et du peuple.

HISTOIRE
DE
L'ÉTAT DE LIÉGE.

Les anciens Belges habitoient depuis long-temps la Gaule inférieure, quand ils en furent chassés par les Teutons, peuples originaires de l'Asie, qui traversèrent le Rhin, et se répandirent dans les provinces voisines. Les uns occupèrent la partie de la Germanie où sont aujourd'hui les villes de Spire, de Worms et de Mayence. Les autres pénétrèrent dans le territoire de Clèves et de Cologne, et jusqu'aux embouchures du Rhin et de la Meuse.

Plusieurs s'établirent sur les deux rives de ce dernier fleuve. César les nommé Eburons. Ils étoient divisés en petites tribus : les Condroziens possédoient la Condroz; les Femaniens, la terre de Famène; et l'on présume que les Ceresiens étoient dans le canton qui porte le nom de Seraing.

Ils avoient leur principal domicile sur un lieu situé entre les rivières d'Outre et de Vesdre, qu'on appelle Embour, entouré par des monts escarpés, d'épaisses forêts et des marais inaccessibles. Leurs maisons éoient formées de terre et de branches d'arbres, et, près de ces habitations, ils entretenoient des pâturages pour leurs troupeaux.

Ces peuples étoient chasseurs, guerriers, agriculteurs: ils faisoient tous les ans le partage de leurs terres : ils nommoient leur chef et leurs magistrats, ceux-ci pour les gouverner dans la paix, et l'autre pour les conduire à la guerre. Quand César fit une irruption dans les Gaules, ils attaquèrent, dans son absence, une de ses légions, sous la conduite d'Ambiorix, et ils eurent la gloire de vaincre ; mais ce succès leur coûta cher; ils furent tous détruits ou dispersés par les Romains : à peine purent-ils envoyer trois mille hommes aux Gaulois pour défendre leur liberté mourante. Depuis cette époque, l'histoire n'en parle plus.

Les Tongriens, autre peuplade de Teutons, mais qui n'étoient pas encore connus du temps de César, commençoient à paroître, quand Auguste fit à Narbonne le recensement des Gaules, et les réunit dans un corps politique. Elles furent divisées en dix-sept provinces. Chaque province eut un nombre de cités et de districts; chaque cité eut sa ville capitale dont la juridiction s'étendit sur tout son territoire.

Les lieux qu'avoient occupé les Eburons

furent enclavés dans la province appelée la seconde Germanique, et Auguste y transplanta les Tongriens, suivant l'usage de la politique romaine de faire passer des colonies de Germains dans les Gaules.

Ils s'y formèrent des habitations, prirent les mœurs et les coutumes des Romains, et bâtirent insensiblement des villes. On remarque qu'il n'y en avoit pas encore dans cette partie des Gaules, et Tongres, qui fut fondée par Auguste sous le nom d'Octavie, est une des plus anciennes de sa province.

Sous l'empire de Vitellius, ses habitans servirent ce prince contre Othon, et, du temps de Vespasien, Labeo, général romain, s'étant mis à leur tête, repoussa Civilis qui vouloit s'emparer d'un pont construit sur la Meuse, au même endroit où l'on a bâti Maëstricht. Ils jouissoient, sous cet empereur, de tous les droits de citoyens romains. Le latin étoit leur langue vulgaire : ils parloient aussi la langue teutonne.

La cité de Tongres avoit son sénat, dirigé par des officiers de l'empereur. Ce sénat rendoit la justice et gouvernoit le district ; c'étoit le premier ordre des citoyens : le second ordre étoit composé de bourgeois et le troisième d'artisans.

Quoique la cité de Cologne fût la capitale de

la seconde Germanique, Tongres occupoit, dans cette province, un rang considérable, et son peuple s'étoit déjà bien multiplié, quand Saint Materne lui porta la foi sous l'empire de Domitien.

SAINT MATERNE,
PREMIER ÉVÊQUE DE TONGRES.

AN DE J. C.

101. CET Évêque est regardé comme le fondateur des églises de Huy, de Namur, de Dinant et de Ciney; mais comme, jusqu'à la fin du deuxième siècle, il fut défendu aux chrétiens de bâtir des temples, et que leur piété se renfermoit dans des oratoires très-cachés, on peut supposer, qu'à l'exemple des apôtres, Materne établit dans ces villes des assemblées de fidèles.

131. Il mourut à Cologne, et son corps fut transféré à Liége l'an 768.

Ses premiers successeurs sont peu connus; les historiens en donnent une nomenclature fort équivoque, et ils en conviennent; les ravages des Huns et des Normands ayant détruit jusqu'à la mémoire des églises livrées à leurs incursions, la tradition orale des évêques a été comme ensevelie avec leurs cendres (1).

---

(1) Évêques de Tongres : St. Navite, 2.e; St. Marcel, 3.e; St. Métropole, 4.e; St. Severin, 5.e; St. Florent, 6.e.

SAINT MARTIN, 7.º Ev.ᵉ

DÈCE gouvernoit l'empire, quand Saint Martin fut nommé aux évéchés de Trèves et de Tongres, qui étoient alors réunis sous un seul pasteur; dans ce même temps, Saint Denis prêchoit la foi dans les Gaules.

Il paroît qu'il étoit déjà question des Francs. L'armée de Postume étoit fortifiée de leur secours et de celui des Gaulois, quand il se fit proclamer dans la seconde Germanique et marcha contre Galien, successeur de Dèce.

Les Romains entretenoient toujours un corps de troupes en activité sur cette frontière. Le gouverneur qu'ils y envoyoient faisoit les fonctions de juge, de général et d'intendant. On sent, qu'avec cette puissance illimitée, il lui étoit aisé de soulever ces peuples.

Quelques années après, Probus, alors empereur, pour garantir cette province des incursions des Francs, fit une expédition contr'eux.

250.

276.

SAINT MAXIMIN, 8.ᵉ Ev.ᵉ

SAINT MAXIMIN remplaça Saint Martin sur le siége de Tongres. On ne connoît ni la durée de son épiscopat, ni le temps de sa mort.

Il eut Saint Valentin pour successeur.

SAINT VALENTIN 9.e Ev.e

295. CET évêque mourut dans la dernière persécution de Dioclétien. Il avoit appelé Saint Servais au siége de Tongres, et le clergé de son église suivit sa volonté. C'étoient alors les évêques et le clergé qui nommoient au siége.

SAINT SERVAIS 10e. Ev.e

310. LES persécutions ayant fait sentir la nécessité de multiplier les pasteurs, l'évêché de Tongres fut séparé de celui de Trèves.

Cologne avoit déja son évêque; mais on ne distinguoit pas encore les métropolitains et l'église de Tongres étoit indépendante.

Constantin le Grand étant parvenu à l'empire, rendit la paix à l'église et réforma le gouvernement des Gaules. Il sépara les emplois civils et militaires qui étoient confiés, avant ce temps, au lieutenant que le prince envoyoit dans ces contrées. Il y établit un préfet du prétoire et un lieutenant-général.

Le préfet étoit chargé de l'administration civile dans les provinces de son département.

Le lieutenant-général n'avoit d'autorité que sur les troupes des mêmes provinces.

Le préfet faisoit sa résidence à Trèves qui

passoit pour être la plus grande ville au-delà des Alpes. Il avoit avec lui un vicaire-général des Gaules, qui commandoit en sous-ordre à des gouverneurs distribués dans chaque province, et ceux-ci plaçoient, dans chaque ville, des comtes, pour administrer la justice, la police et les finances.

Le lieutenant-général étoit représenté par plusieurs ducs. Il y en avoit un dans la seconde Germanique. Leur commandement étoit borné à celui de leur province, et, dans chaque cité, ils avoient sous leurs ordres un comte militaire qui commandoit les troupes de la cité.

Il y avoit encore de ces tribuns sous le règne des petits-fils de Clovis.

L'Empire possédoit, dans chaque cité, des portions de terres qu'il affermoit moyennant une redevance. On tenoit un cadastre de ces biens et de leurs possesseurs, et il y avoit des décurions chargés de faire payer les redevances.

Il y avoit de plus un subside annuel ou tribut public : aucun citoyen n'en étoit exempt : c'étoit une capitation (1).

Après la mort de Constantin, le tyran Magnence prit les armes dans les Gaules, combat-

---

(1) Établisssement de la Monarchie française, tome I.

tit et fit mourir Constant, fils de ce prince, et, pour ménager une paix avec Constance, il députa vers lui Saint Servais. On ignore quel fut l'effet de cette négociation.

Bientôt Constance entraîna la plupart des évêques dans l'erreur d'Arius, et Servais suivit le torrent. Il assista au concile de Rimini, fameux par ces paroles de Saint Jérôme : « Alors » presque tout l'univers fut étonné de se trouver » arien.

Après la mort de Saint Servais, il se présente un intervalle de plus d'un siècle dans les diptiques des évêques de Tongres. Les orages qui s'élevèrent dans les Gaules et la dévastation des Barbares durent porter l'anarchie dans le corps ecclésiastique comme dans le corps politique.

358. Au milieu du quatrième siècle, les Francs partirent de l'île des Bataves (1), passèrent le Rhin, et se cantonnèrent dans la Toxandrie, aujourd'hui le Brabant. Ils prétendoient s'y maintenir dans l'indépendance, et les députés qu'ils envoyèrent vers Julien, associé de Constance à l'empire, le trouvèrent à Tongres. Il les congédia sans réponse, fondit sur leur armée avec ses troupes, et les força de s'éloigner.

388. Vers la fin du même siècle, ils firent une ir-

---

(1) Vie de l'empereur Julien, liv 2.

ruption nouvelle dans la Gaule belgique, et ils en emportèrent un grand butin. L'empereur Valentinien fit un traité avec Sunnon et Marcomer leurs chefs, et reprit la route de Trèves, après les avoir pacifiés.

Sous le règne d'Honorius, une de leurs colonies s'établit dans la cité de Tongres : elle étoit de la tribu des Cattes. Ils effrayoient de-là les Gaulois chez lesquels ils faisoient souvent des courses ; mais, Stilicon, gouverneur de l'Empire, parvint à les contenir dans leurs limites.

Ils y vivoient dans l'indépendance, mais sous la protection des Romains, quand les Alains, les Suèves, les Vandales vinrent fondre comme un torrent dans leurs terres, leur passèrent sur le corps et se jetèrent dans les Gaules. *407.*

Ce premier déluge fut suivi d'un second aussi terrible. *408.*

Alaric, à la tête d'une multitude de Goths, traversa la Germanie, franchit les Alpes, inonda l'Italie, et, après deux campagnes, fit le sac de Rome.

Aétius, général des Romains, recouvra, quelques années ensuite, la partie des Gaules voisine du Rhin, que les Goths avoient envahie, et il distribua des terres aux Francs dans les cités de Trèves et de Tongres. *428.*

Grégoire de Tours dit qu'ils avoient dans cette dernière, une habitation fixe, et que leur territoire s'étendoit jusqu'au Rhin. « On pré-» tend, ajoute-t-il, que ces Francs sont origi-» ginaires de la Pannonie, et qu'ils passèrent le » Rhin pour s'établir dans la cité de Tongres ». Ils y étoient divisés en plusieurs peuplades dont chacune avoit son roi à longs cheveux. Clodion, qui régnoit alors sur eux, étoit le plus vaillant de sa nation ; il demeuroit dans le château de Dispargum (aujourd'hui Duysbourg), sur la lisière de Tongres.

Clodion fit des courses dans la seconde Belgique et prit Tournay. Les Francs Ripuaires profitèrent de l'état de langueur où étoient les armées romaines, pour s'établir alors entre le Bas-Rhin et la Basse-Meuse : leur nom venoit du mot *ripa*, qui désignoit le lieu de leur habitation.

A peine les Gaulois étoient-ils délivrés des Gots, qu'un nouvel ennemi se disposoit à les envahir.

Grégoire de Tours dit qu'Aravatius, évêque de Tongres, prévit cet événement et se mit en prières pour le détourner; qu'il prit même le parti d'aller à Rome, pour les continuer sur le tombeau des apôtres; qu'il revint dans son pays,

et qu'il eut la consolation d'y mourir avant l'ar- AN DE
rivée d'Attila. J. C.

Il est étonnant qu'aucun des historiens liégeois ne fasse mention de cet évêque, ni de son voyage; son nom même n'est pas porté sur leurs chroniques. Il est vrai que, pour s'épargner le travail des recherches, ils ont franchi d'un saut les quatre premiers siècles de leur histoire, et se transportent au milieu du cinquième, sans avoir touché les temps intermédiaires, si intéressans par les usages naissans de ce peuple, par ses révolutions fréquentes et par le tableau de ses mœurs antiques.

Attila ravagea les deux Germaniques, et 450. Tongres fut encore la victime de ce fléau.

Mérouée, successeur de Clodion, n'étoit plus. 457. Il avoit laissé le trône à Childéric. Ce prince irrita les Francs dont il séduisoit les filles, et il fut contraint de se réfugier dans la Turinge. Le roi Basinus lui donna un asyle, et pour prix de l'hospitalité, il suborna sa femme. Rétabli dans ses Etats après quelques années d'absence, il y fut suivi par cette princesse qu'il épousa, et dont il eut Clovis.

Quelle étoit alors la destinée de Tongres? Sans évêque, sans magistrat, elle prêtoit, au milieu de ses ruines, un refuge à quelques Francs indépendans.

AN DE J. C. Childéric régnoit à Tournai; il possédoit Cambrai et tout le pays voisin de la Somme.

Les Ripuaires occupoient Trèves et Cologne.

Tongres, frontière des Ripuaires, ouvroit à Clovis une communication avec eux, et il s'en empara.

492. Grégoire de Tours, qui ne donne aucun détail sur cette conquête, en fixe l'époque à l'an 492.

Le siége de Tongres, qui avoit été si long-tems vacant, fut occupé par Agricolaus, et ce fut Saint Remi qui le nomma.

L'histoire ne dit rien de cet évêque ni de ses premiers successeurs (1).

Les évêques avoient alors une autorité absolue sur le clergé, et le plus grand crédit à la cour. Clovis, dans la ferveur d'une religion nouvelle à laquelle se joignoit encore la passion la plus tendre pour sa femme Clotilde, l'auteur de sa conversion, prodiguoit ses bienfaits aux églises, et méloit un certain zèle de religion à son humeur féroce.

---

(1) Évêques, années de leur mort.

Agricolaus, 11.e, 503. Ursicin, 12.e, 505. Designat, 13.e, 508. Resignat, 14.e, 512. Sulpice, 15.e, 519. Quirille, 16.e, 521. Euchère I.er, 17.e, 529. Falco, 18.e, 532. Euchère II, 19.e, 535. Saint Domitian, 20.e, 558.

Après sa mort, ses enfans se partagèrent l'empire : Thiéry eut le royaume de Metz, appelé dans la suite Austrasie : Tongres faisoit partie de ce royaume et suivit sa destinée.

AN DE J. C. 520.

SAINT MONULPHE, 21.ᵉ Ev.

SAINT MONULPHE, successeur de Domitien à l'évêché de Tongres, posa les fondemens de la cité de Liége au milieu du sixième siècle ; il fit à son église une donation de tous ses biens, et Liége lui doit son premier titre seigneurial.

558.

Je m'arrête ici pour jeter un coup d'œil sur l'état de la France.

Théodebert, fils de Thiéry, et le plus parfait des descendans de Clovis, laisse le trône d'Austrasie à Clotaire son oncle.

Ce prince dénaturé brûle un de ses fils, rebelle, dans une cabane qui lui servoit d'asyle. Il meurt, et laisse tout l'empire à quatre enfans.

Sigebert est roi d'Austrasie, Caribert, de Paris, Gontrand, de Bourgogne, et Chilperic, de Soissons.

Leur règne est un tissu de crimes. Frédégonde épouse Chilperic dont elle vient d'empoisonner la femme, fait poignarder Sigebert et renfermer Brunehaut sa veuve. Brunehaut se sauve de prison, et excite à la vengeance son fils Childebert devenu roi d'Austrasie. Frédégonde essaye deux fois de le faire périr. Chilperic est battu par ce jeune prince, s'en prend à son fils Mérouée qui venoit d'épouser Brunehaut, et le fait ordonner prêtre. Mérouée sort du cloitre et meurt égorgé par les émissaires de Frédégonde. Un autre fils restoit du premier lit de Chilperic; il devient la victime de cette marâtre cruelle, qui finit par assassiner son maître soupçonné d'avoir découvert ses intrigues avec Landri.

Childebert est empoisonné : il laisse deux fils, Thiéry et Théodebert. Celui-ci monte au trône d'Austrasie, chasse Brunehaut son aïeule, se brouille avec son frère qui régnoit en Bourgogne, l'attaque, est vaincu, pris dans le combat, et remis entre les mains de Brunehaut qui le fait mourir.

Thiéry réunit, à sa mort, l'Austrasie et la Bourgogne.

Les Austrasiens, sollicités par leurs ducs Arnoul et Pepin, se déclarent pour Clotaire II, roi de Soissons. Il est reçu dans l'Austrasie, surprend Brunehaut qui s'étoit réfugiée en Bourgogne, et la fait expirer à la tête de son armée, dans un supplice infame.

La puissance des évêques étendoit tous les jours leurs possessions. Plus elle avoit été favo-

rable à nos premiers rois, plus elle sembloit
avoir mérité de récompenses. Dès le règne de
Chilperic, presque tous les biens étoient donnés
aux églises. Grégoire de Tours lui fait dire :
« Notre fisc est devenu pauvre ; nos richesses
» ont été transportées aux églises ; il n'y a plus
» que les évêques qui règnent ».

Après le supplice de Brunehaut (1), Clotaire
donna une constitution dans le concile de Paris :
il voulut que ce qui avoit été fait contre les privilèges des ecclésiastiques, fût corrigé, et il modéra l'influence de la cour dans les élections aux évêchés.

« A la mort de l'évêque, dit cette constitu-
» tion, que celui qui doit être ordonné par le
» métropolitain et les principaux, soit élu par le
» clergé et le peuple, et s'il en est jugé digne,
» qu'il soit confirmé par le prince ; ou, si son
» élection émane du palais, qu'elle soit faite pour
» le mérite de sa personne et de sa doctrine ».

Cet article suffit pour indiquer quelle étoit la forme des élections usitée dans ce temps.

Quant au gouvernement civil de Tongres, il étoit à-peu-près le même qu'au temps des Romains. Nos rois y envoyoient un comte. Son

---

(1) Esprit des lois, liv. 31, chap. 1.

autorité émanoit du roi et les magistrats municipaux lui étoient subordonnés.

Sous les Mérovingiens, il réunissoit le pouvoir civil et militaire.

Ceux qui gouvernoient plusieurs cités se nommoient ducs. C'est ainsi qu'Arnoul et Pepin gouvernoient l'Austrasie. On voit naître déjà l'autorité des maires.

La Gaule étoit alors divisée en cinq ou six nations dont chacune avoit sa loi.

Tongres étoit réglée par la loi des Ripuaires. Thiéry avoit fait mettre ces lois en ordre, et elles ne cessèrent d'être en vigueur que quand Charlemagne établit un nouveau code.

Il y avoit, dans la cité, des magistrats chargés de les faire observer. Dans les affaires importantes, ils s'adressoient au comte, quelquefois même au duc de la province.

622. Clotaire céda l'Austrasie à Dagobert son fils, et lui donna pour ministres Arnoul et Pepin. Ce jeune prince tenoit sa cour à Mastrict, et il paroît que les évêques de Tongres y résidoient.

Saint Monulphe étoit mort dans cette ville, et avoit été remplacé successivement par Saint Gondulphe, Saint Perpète et Saint Ebregise. A la mort de ce dernier, Dagobert donna le siége à Saint Jean-l'Agneau : il ne le garda que six ans, et le prince lui désigna Saint Amand pour successeur; il l'appela auprès de lui et ce fut par les conseils de cet évêque qu'il répudia Gomeltrude pour épouser Nantilde (1).

AN DE J. C.

SAINT AMAND, 26.ᵉ Ev.ᵉ

Il faut croire que l'église de Tongres étendoit sa juridiction sur la ville de Gand, s'il est vrai que Saint Amand sollicita et obtint du monarque un ordre pour forcer ce peuple à recevoir le baptême.

637.

Il existoit déjà une constitution de Childebert I.ᵉʳ, dont l'objet étoit d'abolir l'idolâtrie dans ses Etats.

Saint Amand reçut de Dagobert une terre considérable à quelques lieues de Tournai, et il y fit bâtir un monastère.

On rapporte à ce temps la fondation de celui de Lobbe, près de la rivière de Sambre. Cette maison fut construite par les pieuses profusions de Dagobert, et elle est devenue l'une des plus riches abbayes du pays de Liége.

Saint Amand, fatigué des excès de son clergé,

---

(1) Evêques. Années de leur nomination.
St. Gondulphe, 22.ᵉ, 597. St. Perpète, 23.ᵉ, 604.
St. Ebregise, 24.ᵉ, 617. St. Jean-l'Agneau, 25.ᵉ, 631.

AN DE demanda plusieurs fois au pape la permission
J. C. d'abdiquer l'évêché ; il l'obtint enfin et Sigebert
y nomma Saint Remacle.

SAINT REMACLE, 27.º Ev.ᵉ

650. Pepin exerçoit sous ce prince la fonction de maire du palais, ou plutôt il gouvernoit l'Austrasie, tandis que Sigebert fondoit des cloîtres.

651. On vit s'élever par les ordres du monarque, les célèbres monastères de Malmedi et de Stavelot. Sigebert leur assigna tout le territoire d'alentour, jusqu'à l'étendue de douze lieues.

Ces deux monastères, depuis leur fondation, sont unis sous le même abbé : c'est un moine bénédictin qui possède, avec la souveraineté de son pays, la dignité de prince de l'empire.

Le monastère de Saint Trond fut bâti dans le même temps par un habitant de la Hesbaie.

Saint Remacle, dégoûté de l'épiscopat, comme son prédécesseur, obtint du roi Sigebert la permission de se retirer dans un cloître; il s'enferma dans Stavelot, et le siége fut donné à Saint Théodard, qu'on dit avoir été de la maison de Bavière.

SAINT THÉODARD, 28ᵉ. Évᵉ.

653. Sigebert mourut, fondateur de douze

monastères, et honoré comme un saint, n'ayant laissé qu'un enfant en bas âge, l'Austrasie échut à son frère Clovis. Grimoald, maire du palais, voulut l'envahir; il fut pris: Clovis donna ce royaume à son fils Childeric.

Saint Théodard n'occupa le siége de Tongres que cinq ans: des brigands l'assassinèrent, et il eut Saint Lambert pour successeur.

C'est proprement sous cet évêque qu'on peut fixer la naissance de l'église de Liége.

SAINT LAMBERT, 29ᵉ. Évᵉ.

CHILDERIC étoit devenu roi de toute la France, par la victoire qu'il avoit remportée sur Thiéry son frère et sur le maire Ebroin, et par leur retraite forcée dans un cloître, quand il fut tué par un de ses sujets. Thiéry et son maire reprirent alors le gouvernement; mais l'Austrasie, qui craignoit le joug d'Ebroin, se souleva et se donna pour maîtres Martin et Pepin.

L'Histoire nomme ce dernier Pepin d'Herstal, du nom d'un palais qu'il avoit sur le bord de la Meuse, à une lieue de Liége.

Pepin ne tarda pas à détruire la foible autorité de Thiéry, qui ne lui opposoit qu'un fantôme de roi. Il le combattit, le vainquit et s'empara de toute la puissance.

AN DE J. C.

658.

AN DE J. C. Ce fut dans ce temps qu'il fonda les monastères de Mallone et de Saint Hubert. Le dernier ne portoit pas encore ce nom.

Pepin avoit une concubine nommée Alpaïde. Saint Lambert le sollicita plusieurs fois de s'en séparer : Alpaïde le sut et se vengea en femme offensée, par un courtisan mal-adroit. Elle engagea son frère à poignarder l'évêque : Dudon, suivi d'une troupe d'assassins, se rendit chez lui et le fit égorger sous ses yeux. Les chroniques liégeoises rapportent que Dudon mourut rongé des vers; mais l'abbé de Vely observe à ce sujet que cette maladie étoit épidémique, et faisoit alors de grands ravages.

Saint Lambert fut honoré comme martyr, suivant l'usage du siècle, qui donnoit ce nom à quiconque périssoit d'une mort violente après une vie régulière.

SAINT HUBERT, 30.ᵉ Év.ᵉ

699. Saint Hubert, qui lui succéda, fut élu par le suffrage du clergé et du peuple.

J'ai dit que Clotaire avoit déjà permis cette forme d'élection, en réservant à sa personne et à celle de ses successeurs la confirmation et quelquefois la nomination du prélat. Cet usage n'étoit donc pas nouveau; mais sans doute que

Pepin, pour affermir son autorité sur ce peuple, lui abandonna le privilége sans réserve.

Il mourut, emportant avec le nom d'usurpateur toutes les vertus qui le font oublier.

Charles Martel, qu'il avoit eu d'Alpaïde, parut en Austrasie avec les brillantes qualités de son père. Trois victoires lui valurent le titre de maire de ce royaume et de celui de Neustrie. Comme il devoit sa fortune à ses troupes, il leur prodigua les récompenses : il donnoit à ses officiers les évêchés et les abbayes. Les biens de l'église devenoient héréditaires ; on en formoit la dot des filles qu'on marioit. Pepin avoit enrichi le clergé, Charles le dépouilla.

Hubert, qui avoit été courtisan de Pepin, et qui avoit porté les armes avec son fils, obtint de ce prince la juridiction territoriale de Liége, qui devenoit un bourg considérable.

Il bâtit l'église de Saint Lambert, qui n'étoit qu'une chapelle, et il y établit des chanoines : il ceignit Liége de murailles, y publia des réglemens de police, fixa les poids et les mesures, et créa le tribunal des échevins.

Il suivoit, sur ce dernier point, l'usage prescrit dans le gouvernement des Francs. Les évêques étoient devenus si puissans sous les Merovingiens, qu'ils avoient la puissance ecclésiastique, civile, militaire et même fiscale; chose,

AN DE J. C.

714.

dit M. de Montesquieu, qui étoit une des marques distinctives du despotisme. Ils assembloient cependant, pour juger les affaires, des espèces d'assises, et ils prenoient des échevins pour adjoints.

Il y avoit alors à Tongres, comme sous les Romains, un sénat, des corps de judicature et des bourgeois.

On y distinguoit les nobles, les ingénus et les serfs.

Il y avoit les serfs de biens, qui tenoient des nobles une portion d'héritage, moyennant une redevance, et les serfs de corps, qui étoient esclaves.

Charles Martel trouva dans les évêques, une espèce de souverains presque indépendans du trône. Il avoit fallu à Chilpéric la décision d'un concile, pour faire déposer l'évêque Prétextat dont il avoit à se plaindre.

Charles diminua leur crédit et leurs richesses; mais ils se relevèrent bientôt de l'abaissement où il les avoit mis.

754. Pepin son fils renversa du trône le dernier des Mérovingiens, et le confina dans un cloitre où il mourut. Avec lui finit la première race de nos rois.

SAINT FLORIBERT, 31.e Ev.e

AN DE J. C.

SAINT FLORIBERT avoit été postulé par le clergé et le peuple, après la mort de Saint Hubert son père.

730.

Il augmenta le nombre des chanoines de son église, et obtint du pape Grégoire III, le pouvoir d'y établir un prévôt et un archidiacre.

Il eut pour successeur Fulcaire.

FULCAIRE, 32.e Ev.e

CE fut sous l'épiscopat de Fulcaire que Charlemagne parvint à l'empire dont son père lui avoit applani la route.

746.

Ce prince résidoit à Herstal, et se montroit souvent à Liége. Dans les grandes fêtes, il y tenoit cour plénière; alors on le voyoit au milieu des grands de son royaume et dans toute la pompe de la majesté.

A la mort de Fulcaire, il plaça sur le siége, Agilfride son allié.

AGILFRIDE, 33.e Ev.e

ON prétend, qu'à la sollicitation de ce prélat, Charlemagne accorda la noblesse aux Liégeois; mais ce privilége n'existe point; ce n'est qu'une tradition vulgaire.

769.

AN DE
J. C.
774.

L'Italie gémissoit sous l'oppression des Lombards ; ce prince, sur les instances du pape Adrien, passe les monts, force Didier, leur roi, de se réfugier à Pavie, l'assiége dans cette ville, le fait prisonnier, le relègue à Liége et le consigne entre les mains d'Agilfride.

L'année suivante, Adrien, dans un concile, accorde à Charlemagne le droit d'élire et de confirmer les papes.

Agilfride meurt ; ce prince donne l'évêché à Gerbald qu'il avoit admis à ses conseils.

784.
GERBALD, 34.ᵉ Ev.ᵉ

785. A la prière de cet évêque, Léon III se rend à Liége et institue dans son église huit archidiacres : ils ont la préséance sur les abbés mitrés.

785. Charlemagne fait bâtir Aix-la-Chapelle, ordonne, qu'à l'avenir, les empereurs y seront couronnés, et qu'ils seront sacrés par l'archevêque de Cologne, ou, à son défaut, par l'évêque de Tongres.

805. Enfin il dresse ses grands capitulaires, et alors on vit la législation changer de face.

Les lois ripuaires furent abolies et remplacées par un nouveau code.

Dans le dessein de réparer les maux que son aïeul avoit faits à l'église, il créa les dixmes pour la soulager, et lui donna de grands fiefs. Jusqu'alors les fiefs n'étoient donnés qu'à vie; il en accorda plusieurs à perpétuité (1).

Ce premier pas fait en faveur du clergé, amena bientôt l'inamovibilité des autres fiefs, et produisit le gouvernement féodal.

Charlemagne se reposant plus sur l'activité des évêques pour contenir les peuples (2), que sur l'indolence d'un Leude, se détermina à favoriser les premiers. Ces grands fiefs qu'il leur distribua, leur donnèrent une supériorité territoriale.

Les Leudes étoient les vassaux ou fidèles du Roi: ils avoient eux mêmes des vasseaux et des arrière-vassaux qu'ils menoient à la guerre

Les évêques ou leurs avoués y menoient les leurs.

Ces deux puissances n'avoient rien de commun entr'elles.

Cependant Montesquieu dit que quand les évêques n'allèrent plus à la guerre, ils choisirent un des fidèles pour y conduire leurs vassaux.

Il dit, plus haut, « que ces évêques étoient » assez embarrassés et ne convenoient pas de leurs

---

(1) *Esprit des lois*, liv. 31, chap. 13 et 14.
(2) *Ibid.*, liv. 31, chap. 19.

»faits. Ils demandèrent à Charlemagne de ne »plus les obliger d'aller à la guerre, et quand »ils l'eurent obtenu, ils se plaignirent de ce »qu'on leur faisoit perdre la considération pu- »blique (1) ».

Il falloit bien que les évêques fussent guerriers, puisque le droit de mener à la guerre n'appartenoit qu'au seigneur, et que c'étoit un principe de la monarchie, que la puissance militaire fût unie à la juridiction civile.

Charlemagne donna à l'église de Liége un étendard en forme de gonfanon, qui étoit conservé dans le chapitre. Dans les guerres de seigneur contre seigneur, de cité contre cité, l'évêque assembloit les possesseurs de fief, ses gendarmes et les habitans des villes. Quand la guerre étoit générale, les gentishommes, les abbés, les couvents, faisoient marcher leurs valets de charrue; le chapitre de la cathédrale armoit ses sujets avec la milice de son quartier; les bourgeois de Liége marchoient eux-mêmes, et l'évêque leur commandoit les armes : on sonnoit une cloche militaire. Le prévôt du chapitre déployoit le gonfanon, et l'arboroit sous une vaste couronne placée dans la nef de Saint

---

(1) Esprit des lois, liv. 50, chap. 17.

Lambert (1). Au jour indiqué pour la marche, l'avoué de l'évêque venoit se ranger sous la couronne, où les chanoines le revêtoient d'une armure blanche; de là, on le conduisoit au maitre-autel, où il juroit sur les livres saints de rapporter l'étendard, s'il revenoit du combat. Ensuite le prévôt s'étant rendu dans la place publique, où il étoit attendu par la bourgeoisie sous les armes, remettoit l'étendard entre les mains de l'avoué qui marchoit devant l'armée.

Quand l'évêque faisoit la guerre, de son autorité privée, il ne commandoit que les vassaux de l'église et les paysans. Les bénéficiers des villes étoient obligés de suivre l'armée, quand il la conduisoit en personne (2). On nommoit alors bénéfices, les fiefs et tout ce qui se donnoit en usufruit. Ces bénéficiers étoient tenus au service militaire, et suivoient leur seigneur.

Hors des frontières, l'évêque n'étoit point obligé de payer la rançon des bourgeois; mais seulement de racheter leurs chevaux et leurs armes; quant aux prisonniers ennemis, ils tomboient en sa puissance et devenoient serfs.

---

(1) Fisen, Hist. Leodi., tom. 1.
(2) Établis. de la monar. fran.

AN DE J. C. 807. Charlemagne érige en comté la ville d'Huy; et sa fille Berthe établit une foire à V. é.

Les foires étoient alors les seuls lieux de négoce. Aucun marchand ne se fixoit dans les villes où l'on ne voyoit que des ouvriers, des moines et leurs serfs. Plusieurs de ces moines étoient si puissans, que le célèbre Alcuin possédoit plus de vingt mille esclaves.

VALCAND, 35.ᵉ Év.ᵉ

810. VALCAND succède à l'évêque Gerbald. Il assiste au testament de Charlemagne, fait dans une assemblée d'Aix-la-Chapelle, et il y signe comme témoin.

814. Charlemagne meurt, et laisse l'empire à son fils Louis le Débonnaire, malheureux roi qui fut le jouet de l'ambition de ses enfans et de la vengeance du corps épiscopal, qu'il avoit voulu réformer.

L'évêque Valcand eut pour successeur Pirard, dont l'administration n'est point connue.

PIRARD, 36.ᵉ Év.ᵉ

832. C'EST du temps de ce prélat, que Louis le Débonnaire divisa ses États entre ses enfans.

Il donna l'Italie à Lothaire, à Louis la Germanie et la Saxe, à Pepin l'Aquitaine, et à Charles le Chauve la France.

Lothaire qui n'avoit cessé de faire la guerre à son père, et qui avoit ensuite porté ses armes contre ses frères, après quelques années d'un règne orageux, pressé de ses remords et las de l'Empire, se jette dans un cloître. Il laisse trois enfans. Lothaire lui succède dans le royaume d'Austrasie, qui prit de lui le nom de Lorraine.

AN DE J. C.

855.

HIRCAIRE, 37.ᵉ Év.ᵉ

HIRCAIRE avoit remplacé Pirard sur le siége de Tongres.

840.

Il jeta les fondemens de la ville de Verviers, et il fit des accroissemens à celle de Liége.

Le jeune Lothaire, à sa mort, lui donna Franco pour successeur.

FRANCO, 38.ᵉ Év.ᵉ

LOTHAIRE répudie Theutberge pour épouser Valrade : le divorce étoit alors toléré. Les maximes du concile de Verberie contenoient à ce sujet la morale la plus relâchée. Le pape se plaint. Lothaire consent de faire juger sa cause par un concile d'évêques gaulois. Le concile se tient à Metz : Franco s'y trouvoit. Gonthier, archevêque de Cologne, décide que dans le cas d'une infidélité de la part de la femme, le mari pouvoit en prendre une autre. Ce jugement est ratifié par le concile. Nicolas I.ᵉʳ envoie des

855.

légats en Lorraine; mais gagnés par le prince, ils approuvent le nouveau mariage. Nicolas casse le jugement, dépose l'archevêque de Cologne, excommunie les évêques, et écrit à Lothaire une lettre foudroyante. Le prince effrayé se soumet et quitte Valrade. On se plaint de la violation des libertés gallicanes. Valrade est rappelée: les deux époux sont excommuniés. Sur ces entrefaites, Nicolas meurt, et son successeur cède aux prières de Lothaire, qui fait un voyage à Rome pour demander son pardon. Les évêques obtinrent aussi leur grace, et Franco fut un des premiers à désavouer son procédé.

869. A la mort de Lothaire, le royaume de Lorraine resta vacant. Charles le Chauve s'en empara; et son frère Louis le fit résoudre à un partage.

870. Louis le Germanique eut, entr'autres domaines, le district de Theux, la ville d'Aix-la-Chapelle, et le pays voisin situé entre le Rhin et la Meuse.

Charles le Chauve eut la ville de Tongres, la Hesbaie, la Campine, la ville de Dinant et la Condroz. Liége fut partagé entre les deux princes.

Charles eut le côté du midi, et Louis le côté du nord.

Ce fut dans ce même traité, que les fiefs fu-

rent rendus héréditaires. Charles stipula qu'ils AN DE
passeroient aux enfans du possesseur : voilà l'o- J. C.
rigine du gouvernement féodal.

Louis Lebegue et l'empereur Carloman s'en tinrent au même partage, et quand ce dernier mourut, Charles le Gros, son frère, réunit tout l'empire.

Cependant Franco augmentoit le domaine de l'église de Liége, par les donations qu'il obtenoit de nos princes.

Charles le Gros lui donna la ville de Madière, qui fut, longtemps après, cédée à l'évêque de Metz, en échange de la ville de Saint Trond. 884.

Arnoul, successeur de Charles le Gros, lui donna l'abbaye de Lobbe, et une grande partie du territoire qui s'y trouve joint, entre les rivières de Meuse et de Sambre. 888.

Zuentebolde, fils naturel d'Arnoul, lui donna la ville de Theux et toutes ses dépendances; ce qui forme la meilleure portion du marquisat de Franchimont. 898.

A la mort d'Arnoul, cette donation fut confirmée par Louis IV son successeur.

Charles le Simple donna aux mêmes évêques, 894. Arcée, aujourd'hui Pont d'Arche.

ÉTIENNE, 39.ᵉ Ev.ᵉ

903. ÉTIENNE, successeur de Franco, obtint de Louis IV : par un diplome de l'an 908, que tous les biens possédés par l'église de Tongres, passeroient à celle de Liége; ainsi, l'on peut dater, de cette époque, la translation du siége épiscopal de Tongres à Liége.

RICHAIRE, 40.ᵉ Ev.ᵉ

920. HILDUIN avoit été appelé à l'épiscopat par le clergé et le peuple; son élection ayant déplu à Charles le Simple, il le destitua et nomma Richaire, qui étoit abbé d'Estavelot.

922. Charles céda la Lorraine à Henry, roi de Germanie, par un accord fait à Bonn, et l'évêché de Liége, qui avoit suivi le sort de la Lorraine, possédée par la France depuis l'an 492, se trouva incorporé au royaume de Germanie.

978. En vain Lothaire, fils de Louis d'Outremer, tenta de reprendre cette province, il fut obligé d'y renoncer en faveur d'Othon II, à la charge qu'Othon la tiendroit en fief de la couronne de France.

Depuis cette époque, les évêques de Liége se sont trouvés aux assemblées des prélats de l'Empire, ont assisté aux élections des en-

pereurs, et les ont suivis dans leurs expédi- AN DE
tions militaires. J. C.

On prétend que cette église, sous le règne d'Othon I.er obtint du Saint Siége le pallium archiépiscopal. Ce manteau impérial ne s'envoie qu'aux métropolitains, et l'évêque de Liége étant suffragant de celui de Cologne, on peut présumer qu'il ne l'a jamais porté.

HUGUES I.er, 41.e Év.e   946.

OTHON, à la mort de Richaire, plaça Hugues I.er sur le siége de cette église.

Il ne l'occupa qu'un an : Farabert fut nommé son successeur.

FARABERT, 42.e Év.e   947.

IL s'élève un différend pour l'archevéché de Rheims. Hugues, comte de Vermandois en étoit pourvu à l'âge de cinq ans. Le clergé de la ville lui substitue le moine Artald, et leur choix est confirmé dans une assemblée synodale des évêques de Gaule et de Germanie.

Hugues s'en plaint au pape qui fait assembler un concile général. Farabert étoit du nombre des évêques. Artald fut maintenu sur le siége et le comte excommunié.

AN DE J. C. Othon I.er donne à l'église de Liége le monastère d'Eyek et ses dépendances.

955. RATHÈRE, 43.e Év.e

RATHÈRE succède à Farabert : il avoit été chassé deux fois du siége de Véronne, et ne fut pas plus heureux à Liége. Son esprit dur et hautain lui fit perdre l'épiscopat. Rétabli à Véronne par Othon qui sembloit se roidir en sa faveur contre la haine des peuples, il en fut chassé pour la troisième fois. Las de tous ces orages, il se retira dans le monastère de Lobbe et fit des livres pour se consoler de ses disgraces.

956. BALDRIC Ier, 44.e Év.e

BALDRIC I.er le remplace : il est postulé par le clergé et le peuple, et confirmé par Othon.

Baldric laisse toute l'autorité à Ragimer, son oncle. Le fougueux régent pénètre dans le monastère de Lobbe, dépose l'abbé, poignarde un religieux qu'il haïssoit, se met en campagne avec une armée, attaque sans motif l'archevêque de Cologne, est battu et relégué au-delà du Rhin où il finit ses jours.

Baldric lui survit peu : le clergé et le peuple choisissent Eracle.

ÉRACLE, 45.ᵉ Év.ᵉ

Cet évêque établit les premières collégiales de Liége : les chanoines préposés à ces institutions se nommèrent écolâtres. — 959.

Il y eut de son temps une formule de confraternité entre les chanoines de Saint Martin de Liége et ceux de l'église de Tours : elle portoit qu'un chanoine allant d'un chapitre à l'autre, percevroit ses fruits de présence, et prendroit séance au chœur, comme étant membre du même corps.

Cette confraternité, dit-on, s'observe encore aujourd'hui.

NOTGER, 46ᵉ. Év.ᵉ

Notger fut nommé par l'empereur à l'évêché. — 971.

Les chanoines de Saint Lambert vivoient alors en commun et se faisoient servir par des clercs appelés chanoines de la table. Notger augmenta le nombre de ces servans.

Il fonda cinq prieurés, douze églises, et plus de cent trente canonicats, rétablit Fosse, acquit Thuin et y bâtit une forteresse, pour défendre la marche de l'évêché.

Aufride, dernier comte séculier d'Huy, fit une donation de ce comté à l'église de Liége. — 985.

Notger, par reconnoissance, obtint pour lui de l'empereur l'évêché d'Utrecht.

Ce prince confirma la donation; il y ajouta même tout ce qui lui appartenoit de ce domaine.

Il confirma les donations des villes de Tongres, Malines, Fosse, et de plusieurs autres que nos rois avoient faites à cette église.

Il termina son diplome par une clause qui fixoit la souveraineté de l'évêque sur ces villes.

« De sorte, y est-il dit (1), qu'aucun comte ni juge, excepté ceux qui sont nommés par l'évêque, n'ose résider dans lesdits lieux, soit pour entendre les causes, soit pour exiger le *fredum*, ou des tributs, ou quelqu'autre droit que ce soit ».

J'observe à ce sujet, qu'une des prérogatives des églises étoit de faire payer, pour un assassinat commis dans leur territoire, le *fredum*, qui étoit ordinairement le tiers de la somme que le criminel, pour la composition, payoit aux héritiers du mort, et à la faveur duquel le juge lui accordoit sa protection.

Immon, petit-fils de Ragimer, habitoit un château voisin de Liége. Ce château incommodoit Notger; il se rend chez Immon, qui l'avoit prié de baptiser son fils, escorté de tout son

---

(1) Chapeauville, *in Vitâ Notgeri*, cap. 54.

clergé, à qui il avoit fait cacher des armes. La cérémonie finie, il somme Immon de lui remettre sa forteresse, et sur son refus, il fait passer la garnison au fil de l'épée.

BALDRIC II, 47.ᵉ Év.ᵉ 1008.

Baldric II, son successeur, est investi par Henry II.

Le marquis de Franchimont fait une donation du reste de sa terre à l'église de Liége. Elle possédoit déjà la ville de Theux et son district. 1012.

Le comte de Looz suit le même exemple. La donation qu'il fait de son comté à cette église, est confirmée par l'empereur, à qui Baldric en porte l'hommage. 1014.

La révolte du comte de Frise contre Henry, fait prendre les armes à tout l'empire, et même aux évêques, comme princes temporels. Baldric, accablé d'infirmités et de vieillesse, est obligé de s'embarquer avec ses troupes, succombe sous le poids de la fatigue, et meurt dans la route.

VOLBODON, 48.ᵉ Év.ᵉ 1019.

Volbodon est nommé par l'empereur Henry II, dont il étoit le chancelier.

Ce prince, dans un voyage qu'il fait à Liége

AN DE J. C. pour y célébrer les fêtes de Pâques, le charge d'achever l'édifice du monastère de Saint Jacques.

Volbodon s'occupa aussi de celui de Saint Laurent, et lui laissa en mourant toute sa succession, qui étoit considérable.

Ces deux monastères suivent la règle de Saint Benoit : ce sont les plus riches de la ville de Liége.

1021.   DURAND, 49.e Év.^e

GODESCAL est élu par le clergé et par le peuple. L'empereur Henry II avoit nommé Durand, et il fut maintenu sur le siége.

Durand s'empare du legs fait par Volbodon aux moines de Saint Laurent (1). L'ombre du fondateur lui apparoît au milieu d'une nuit, et le frappe de sa crosse : l'évêque épouvanté, dit l'historien, convoque le lendemain le clergé, la noblesse et le tiers-état, se reproche d'avoir flétri par un crime la sainteté de son ministère, et se hâte de rendre au monastère l'argent qu'il avoit enlevé.

J'ai cité cette histoire, parce qu'il y est parlé pour la première fois des trois ordres ; je doute

---

(1) Bouille, Hist. de Liége. t. 1.

cependant que la noblesse fût alors un des corps de l'État : on ne voit jusqu'ici concourir aux élections des évêques que le clergé et le peuple ; ce n'est qu'à la fin du douzième siècle qu'il y est fait mention de la noblesse.

Durand survécut peu de temps à son repentir.

REGINARD, 50.ᵉ Év.ᵉ 1025.

L'empereur Conrard II vend l'évêché à Reginard, qu'on dit avoir été de la maison de Lavière.

Bientôt, pressé de ses remords, le prélat fait un voyage à Rome, se présente au pape, et lui remet sa dignité : le pontife l'absout et le rétablit sur son siége.

Ce siècle étoit celui de la simonie : dans un concile qui se tint à Lyon, on vit quarante-cinq évêques et vingt-trois autres prélats se reconnoître coupables de ce crime, et renoncer à leurs bénéfices.

NITHARD, 51.ᵉ Év.ᵉ 1039.

Nithard succède à Reginard son oncle.

C'est le premier évêque de Liége dont les monnoies soient parvenues jusqu'à nous.

L'empereur Henry III approuve la donation du comté de la Hesbaie, qu'Arnulphe avoit faite à l'évêque Nithard et à son église. 1040.

AN DE J. C.

(1) « Nous voulons, ajoute-t-il, que ladite église possède ce comté avec les mêmes droits que nous-mêmes y avons exercés, tels que ceux de lever des impôts, de faire battre monnoie, etc. ».

Ce fut en vertu de ce diplome et de la supériorité territoriale, que les empereurs avoient accordée à son église, que Nithard se fit représenter sur ses monnoies, tenant un étendard d'une main, et une crosse de l'autre.

Après la mort de Nithard, Vazon est élu par le clergé et le peuple.

1043.

VAZON, 52.e Év.^e

La dignité d'abbé de Liége est réunie à celle de grand prévôt.

Vigère, nommé par l'empereur Henry III à l'archevêché de Ravenne, exerçoit depuis deux ans ses fonctions sans avoir été sacré : on mit en question si cette affaire devoit être laissée au jugement des évêques, ou si elle étoit du ressort de l'empereur. Vazon dit qu'on devoit à ce prince une soumission entière dans les objets qui concernoient l'empire ; mais que c'étoit aux évêques à juger les causes ecclésias-

---

Chapeauville, *in Vitâ Nitardi, in notis.*

tiques : son avis l'emporta ; Vigère prévint sa sentence et abdiqua.

AN DE J. C.

Henry s'étant rendu à Rome, pour terminer le schisme des trois papes, y convoqua un concile, dans lequel les papes furent déposés. Ce prince fit subir le même sort à Grégoire VI, élu sans sa participation ; et il créa l'évêque de Bamberg, sous le nom de Clément II. Vazon écrivit à l'empereur une lettre fort libre. Il lui dit que Grégoire avoit été déposé injustement ; que les évêques, successeurs des apôtres, avoient seuls le droit d'élire leur chef, et que le vicaire de Jésus-Christ ne pouvoit et ne devoit avoir d'autre juge que Dieu.

Cette lettre indisposa le prince. Le bruit ayant couru de la disgrace de ce prélat, Godefroi de Lorraine le fit solliciter de s'unir à lui et de prendre les armes. Vazon répondit que rien n'étoit capable d'altérer la fidélité qu'il devoit à l'empereur. Godefroi, déchu de son attente, s'empara de Verdun, la brûla, saccagea la Lorraine et le territoire de Liége, mais respecta la ville. On accusa l'évêque d'avoir été d'intelligence avec le rebelle. Ce fut un nouveau sujet de mécontentement pour Henry. Enfin la guerre survint entre l'empereur et le duc de Frise : toute la basse Lorraine eut ordre de s'armer : Vazon se dispensa d'obéir. Après l'expédition,

AN DE il fut traduit au tribunal de l'empereur; il avoit
J. C. alors près de cent ans. Il parla longtemps, se défendit avec chaleur; et comme la discussion traînoit, il se plaignit qu'on souffrit qu'un évêque de son âge demeurât si longtemps debout. Il ajouta, que s'il n'étoit respecté pour lui-même, on devoit des égards à la dignité épiscopale dont il étoit revêtu. Henry lui représenta qu'il étoit sacré comme les évêques. Vazon reprit qu'il y avoit autant de distance de l'onction royale à la sienne, qu'il y en a du pouvoir qui ne soumet que les corps, à celui qui s'étend sur les ames. Il s'éleva dans l'assemblée un murmure universel : Vazon étonné perdit toute son audace, et se laissa tomber aux pieds de son maître qui le releva, l'embrassa et lui rendit ses bonnes graces.

Vazon mourut de regret d'avoir fait cette démarche. Il avoit de grandes qualités, mais elles étoient gâtées par une hauteur extrême qui naissoit du sentiment intime de la supériorité de son ministère. Malgré la fierté de son caractère, il n'avoit point l'esprit d'intolérance.

L'évêque de Châlons lui demandant s'il pouvoit se servir du glaive pour exterminer les Manichéens qui infestoient son diocèse, il lui répondit que les lois divines et humaines n'autorisoient point ces moyens violens, que la vérité n'avoit pas besoin de la force, et que des meurtres n'étoient pas des raisons.

L'empereur Henry III donna l'évêché à Theoduin son parent.

THEODUIN, 53.ᵉ Év.ᵉ 1049.

Henry I.ᵉʳ, roi de France, voulant assembler un concile pour détruire l'hérésie des Sacramentaires, Theoduin s'efforça de l'en détourner.

« Il ne faut point, dit-il, donner à Berenger
» l'occasion de soutenir son erreur. Il est très-
» périlleux de lui permettre de parler en présence
» des pères du concile..., à cause du peuple igno-
» rant et grossier.... Les hérésiarques, malgré
» leurs clameurs, ne doivent pas être entendus,
» parce qu'il ne s'agit point de leurs raisons, mais
» de finir leur procès et de décider leur genre de
» supplice ».

Berenger étoit l'homme le plus séduisant de son siècle; aussi l'accusoit-on de magie. Le concile fut remis à l'année suivante : on le tint à Paris, et Berenger y fut condamné.

Le compilateur des édits liégeois parle d'un concordat fait l'an 1055, entre Theoduin et les princes voisins, signé par Godefroi de Bouillon, Henry de Limbourg, les comtes de Louvain, de Namur, de Hainaut de Luxembourg, de Looz de Gueldre, et d'autres seigneurs qui avoient des terres dans le diocèse de Liége. Ces seigneurs, pour leur tranquillité commune, choisirent l'évêque et ses successeurs pour décider souverainement les difficultés qui s'éleveroient entre les habitans de leurs terres, quoiqu'elles ne fussent point sujètes à la juridiction temporelle de l'évêque.

Il devoit à cet effet se rendre, à certains jours, dans l'église de Notre-Dame, à Liége, assisté du grand mayeur et de ses vassaux, pour y entendre et juger les parties. Telle fut l'origine du tribunal de paix, confirmé l'an 1113 par l'empereur Henry V, et l'an 1333, par le roi Philippe de Valois.

Le duc de Brabant s'affranchit de ce tribunal par le privilége *de non evocando*, qu'il obtint de l'empereur Sigismond; et Charles le Téméraire ayant pris la ville de Liége, abolit pour jamais le tribunal (1).

Frédéric, qui avoit été archidiacre de Liége, est élevé au souverain pontificat, sous le nom d'Étienne X.

Il ne tient le siége que neuf mois. Gerard,

---

(1) Louvrex, Recueil des édits, tom. 1, chap. 4.

autre chanoine de Liége, lui succède, sous le nom de Nicolas II.

Richilde, veuve de Baudoin, comte de Flandre, vend à l'église de Liége le comté de Hainaut, et cette vente est confirmée par un diplome de l'empereur Henry IV (1). 1071.

Depuis cette époque, les comtes de Hainaut ont toujours relevé des évêques de Liége jusqu'en 1408, que le duc Albert de Bavière en fit hommage à Jean de Bavière son fils. C'est le dernier relief que les Liégeois produisent de cette terre qui sortit sans doute alors de leur dépendance.

HENRY DE VERDUN, 54.e Ev.e

1075.

APRÈS la mort de Théoduin, l'évêché est donné, par l'empereur Henry IV, à Henry de Verdun, fils du comte de Toul.

Cet évêque, sur des plaintes portées contre l'abbé de Saint Laurent, le fait comparoitre devant une assemblée d'archidiacres et d'abbés, lui fait faire son procès, et le dépouille de sa dignité. L'abbé en appelle au pape et à l'empereur : l'archevêque de Cologne est nommé arbitre et confirme la déposition.

Les moines de Saint Trond refusant de re-

---

(1) Chapeauv. tom. 2.

connoître l'abbé désigné par l'évêque de Metz leur souverain, Henry de Verdun, à sa prière, assiége la ville, et l'abbé est reçu.

1080. Le monastère de Floïne est fondé sur les bords de la Meuse.

Quelques années après la comtesse Ermingarde donne sa terre de Warem à l'église de Liége.

L'évêque meurt : l'empereur Henry IV gratifie Obert de l'épiscopat, sans avoir égard à la postulation du clergé et du peuple.

1092.   OBERT, 55.ᵉ Év.ᵉ.

Il se tient un concile à Clermont : le pape Urbain II, animé par Pierre l'Hermite, y exhorte tous les princes chrétiens à passer en Orient, pour exterminer les infidèles. Plus de trois cent mille hommes se croisent. On comptoit parmi leurs chefs Godefroi de Bouillon.

1096. L'historien Bouille présume que Godefroi, avant son départ, vendit son duché à l'évêque Obert.

« Rien n'est plus clair, dit-il : 1.º Parce que » c'est Obert qui est l'acheteur, qu'il a numéré » la somme, qu'elle est de treize cents marcs » d'argent et de trois marcs d'or.

» 2.º Le vendeur est Godefroi de Bouillon,

»qui en a reçu les deniers comptés sur le maître
»autel.

»3.º La condition étoit, qu'en cas que trois
»de ses plus proches héritiers vinssent à rem-
»bourser cette somme, le château leur retour-
»neroit; autrement il demeureroit à perpé-
»tuité à l'église de Liége.

»4.º Le terme de la rédemption est limité,
»savoir, en quatorze ans.

»3.º La vente a été faite en présence de la
»mère de Godefroi de Bouillon.

Enfin le consentement de l'empereur y a in-
»tervenu».

Je ne releverai point le ridicule d'un argu-
ment qui établit le fait en question par le fait
même.

Sans songer à combattre cette pétition de
principes, je puiserai ma reponse dans l'historien lui-même.

« Il est vrai, ajoute-t-il (1), qu'on n'a plus le
»contrat original qui a peut-être été confondu
»parmi les cendres de l'incendie de la ville,
»advenu l'an 1185; mais on ne peut douter que
»l'église de Liége n'ait acquis cette terre ».

Je dirai, comme Montesquieu, cela n'est
pas; et sur un fait qui n'est fondé sur rien, l'au-

---

(1) Bouille, Hist. de Liége, t. 1.

torité de celui qui le nie est égale à l'autorité de celui qui l'allègue.

« Mais on ne peut désavouer, poursuit Bouille, » que nos évêques ne se soient publiquement qualifiés ducs de Bouillon ».

Qu'en veut-il conclure? que le duché eur appartient? ce seroit une étrange logique! Si le droit public des Etats se fondoit sur de pareils titres, il n'y auroit plus de domaine.

Enfin, il espère « que Dieu suscitera un roi » très-chrétien, fils aîné de l'église romaine, qui, » convaincu de la vérité et de la solidité des » droits que Liége, cette fille de l'église romaine, » a sur le château de Bouillon, et pénétré de jus- » tice et de religion, ordonnera de lui remettre » cette place, pour laquelle Saint Lambert, glo- » rieux protecteur du pays, s'est autrefois inté- » ressé si visiblement pour la retirer des mains » de ses invaseurs, ainsi que l'histoire fait foi ».

Voilà des droits bien établis!

Dans l'année de la vente supposée de Bouillon, Obert acheta la terre de Couvin, et tous les actes de cette vente ont été conservés.

Le comte de Hainaut fit entrer dans le marché la promesse de donner à deux de ses fils des prébendes de l'église de Liége. Obert suivoit l'usage.

Ce qui fait son éloge, c'est le zèle et la fidélité qu'il conserva pour l'empereur Henry IV, son bienfaiteur. La querelle des investitures venoit de s'élever : Grégoire VII cita devant lui l'empereur, pour qu'il eût à se justifier sur le reproche qu'on lui faisoit de vendre les biens de l'église. Henry, pour toute réponse, fit déposer le pontife dans un synode qu'il tint à Worms. Le pape, irrité, l'excommunia et délia ses sujets du serment de fidélité. Cette sentence arma tout l'empire contre son prince. Henry, forcé d'aller trouver Grégoire, après un jeûne rigoureux, se présenta devant lui, dépouillé de ses dignités, couvert d'un cilice, et fut admis à lui baiser les pieds. A peine eut-il obtenu son pardon, qu'il rassembla des troupes, fondit sur l'Italie, assiégea Rome, s'en empara, et Grégoire, à son tour, obligé de fuir, alla mourir en exil.

Les successeurs de ce pape réveillèrent la même querelle et lancèrent les mêmes foudres. Le jeune Henry refusa de reconnoître son père s'il n'étoit délié de ses censures, et leva l'étendard de la révolte. Dans le temps que l'empereur étoit trahi par son fils, excommunié par le saint père, et contraint de chercher un asyle, Obert lui tendit les bras, le reçut dans Liége et s'arma pour le défendre. Le pontife Pascal, qui ne laissoit point de trêve à son ennemi, écrivit au comte de Flandre de faire la guerre aux Liégeois qui assistoient un excommunié. Il les accabla lui même de tous les anathêmes de l'église; et, ne pouvant s'en venger autrement, il les déclara schismatiques.

Henry mourut, invoquant contre son fils la vengeance du ciel. Son fils, à son tour, fut renversé du trône et rétabli pour la même cause.

1122. Enfin un concile de Latran décida que les empereurs laisseroient au clergé de Rome la liberté d'élire ses papes; qu'ils ne donneroient plus d'investitures par la crosse et l'anneau, mais par le sceptre, et que les élections des évêques teutoniques se feroient désormais en leur présence ou en celle de leurs commissaires.

Obert achète le comté de Clermont-sur-Meuse.

La noblesse de Liége (1) s'accroît par l'établissement de la famille de Danmartin dans la Hesbaie.

1105. Raës de Danmartin, frère du comte de Boulogne, s'étant attiré la disgrace de Philippe I.er, roi de France, alla se fixer dans la ville d'Huy, et se maria avec la fille du seigneur de Varfusée. C'est de cette union que sont issues la plupart des familles nobles de la Hesbaie.

---

(1) Hemricourt, Miroir des nobles.

FRÉDÉRIC, 56.ᵉ Év.ᵉ

OBERT n'étoit plus : le clergé et le peuple assemblés pour lui nommer un successeur, ne pouvoient s'accorder. Alexandre, chanoine de Saint Lambert, achète l'évêché de Henry V, et reçoit de lui l'investiture : il se rend à Liége, pour prendre possession du siége ; mais le grand prévôt fait assembler le chapitre, et déclare qu'on ne peut recevoir un homme inculpé de simonie, et nommé par un prince excommunié. Le clergé se rend à cet avis ; malgré son opposition, Alexandre se présente à l'église et veut sonner la cloche, suivant l'usage où l'on étoit de marquer par cet acte la prise de possession : la corde tomba, et le peuple regarda cet événement comme un désaveu du ciel. L'archevêque de Cologne défend de le reconnoître, et le cite à Aix-la-Chapelle ; Alexandre refuse de se présenter, et après trois monitoires, on procède à l'élection d'un nouvel évêque.

Comme il y avoit un débat entre le clergé, la noblesse et le peuple, le clergé se transporte à Cologne et y fait choix de Frédéric, prévôt de la cathédrale.

Le pape approuve l'élection : Alexandre se retire dans le château d'Huy, et commet des hostilités sur les terres voisines. Frédéric l'ex-

AN DE J. C. communie et l'attaque avec ses troupes. Alexandre se soumet et obtient son absolution.

Mais il faisoit agir sourdement ses amis, qui d'abord outragent l'évêque par des libelles, et finissent par l'empoisonner.

L'archevêque de Cologne, dans une conférence avec Alexandre, le porte à se désister de l'évêché, ce qui produit une vacance de deux ans.

Dans cet intervalle, l'empereur Henry V parut à Liége, après avoir célébré les fêtes de Pâques à Aix-la-Chapelle. Ses ambassadeurs étoient à Rome, occupés à terminer l'affaire des investitures.

L'empereur, invité par les Etats de Liége, se rendit au chapitre, et l'élection d'Alberon I.er se fit sous ses yeux.

1123. ALBERON I.er, 57.e-Ev.e.

LE règne de cet évêque n'offre rien de remarquable, que l'abolition du droit de mortemain. En vertu de ce droit, à la mort d'un chef de famille, le seigneur se saisissoit du plus riche meuble de la maison. C'étoit une source de vexations tyranniques. Alberon délivra son peuple de cette servitude.

De-là vient, dit-on, l'usage de ne point faire

de testament, sans y placer un legs pour la cathédrale, en reconnoissance de ce bienfait.

ALEXANDRE, 58.ᵉ Ev.ᵉ 1128.

ALEXANDRE, qui avoit aspiré deux fois à l'évêché, y est enfin appelé par le clergé et le peuple.

Il étoit fils du duc de Juliers. Il avoit reçu son absolution du saint père, et vivoit en homme privé quand il fut élu.

L'église de Liége étoit alors dans son plus grand éclat: on comptoit dans son chapitre neuf fils de rois, quatorze ducs, vingt-neuf comtes et sept barons. Elle fut encore embellie par la présence du pape Innocent II, et de l'empereur Lothaire, qui s'y rendirent, l'un pour se dérober aux attentats d'une ligue formée contre lui dans Rome, et l'autre pour se faire couronner par le pontife.

Henry V venoit de mourir sans enfans, et soixante mille Allemands, assemblés pour lui donner un successeur, avoient élu Lothaire, duc de Saxe, au préjudice de Frédéric, neveu de Henry. Cette élection, qui étoit, dit-on, l'ouvrage du moine Suger, fut regardée comme le chef-d'œuvre de la politique, et devint pour l'Empire, une source de guerres civiles.

L'évêque Alexandre, que ses malheurs passés n'avoient point corrigé de son goût pour la simonie, vendoit les bénéfices de son église. On s'en plaignit au pape qui lui ordonna de se rendre à Rome. Il se mit en route et revint sur ses pas. Le pape, qui tenoit alors un concile à Pise, y proposa l'affaire d'Alexandre : il fut condamné et dépossédé de son siége. Cette nouvelle le consterna : il s'enferma dans le monastère de Saint Gilles, et y mourut de mélancolie.

ALBERON II, 59.º Év.e.

APRÈS un interrègne d'un an, Alberon II fut élu par le clergé et le peuple.

On songeoit, à Liége, aux moyens de s'emparer du château de Bouillon. Henry, duc de Limbourg, voyant à regret que l'empereur Conrad l'eût dépouillé du gouvernement de la Basse-Lorraine, pour en revêtir Godefroi, avoit fait le dégât dans les terres de ce duc. Godefroi, par représailles, avoit pris la ville de Saint Trond (qui appartenoit alors à l'Etat de Liége, en vertu de l'échange que l'évêque de Metz en avoit fait pour la ville de Madière) et dont le duc de Limbourg étoit l'avoué.

Pour se venger de la prise de Saint Trond, l'évêque Alberon rassembla sourdement des troupes, se mit à leur tête, prit la route des Ardennes, accompagné du comte de Namur, et se présenta sous les murs de Bouillon.

Le comte de Bar envoya Hugue et Renaud ses fils, observer l'ennemi. Leur escorte fut repoussée par les troupes de l'évêque. Les Liégeois, enflés de cet avantage, commencèrent l'attaque de la place. On résolut d'amener au camp la châsse de Saint Lambert : Alberon la fit demander au chapitre : il y eut quelques débats entre les chanoines et les bourgeois ; enfin on consentit de laisser emporter le corps. Toute la milice de Liége l'escorta jusqu'au camp où il fut reçu avec des transports de joie. Le jour du martyre de Saint Lambert étant venu, les chefs de l'armée proposèrent de livrer un assaut général à la place. Les reliques du Saint étoient sous les yeux des soldats : ils firent des prodiges de valeur. Cette première tentative ne réussit pas ; mais, quelques jours après, le comte de Namur, suivi d'un petit nombre de chevaliers, grimpa sur le roc et s'empara d'une éminence, d'où il harcela les assiégés. Le château se rendit : la châsse fut rapportée à Liége en triomphe, et l'évêque, pour consacrer la mémoire de cet événement, institua une fête qu'on célèbre encore tous les ans.

L'indolence d'Alberon entretenoit les désordres de son clergé. Henry de Leyen, prévôt de Saint Lambert, en fit des plaintes au pape. Alberon fut cité devant le pontife, partit pour l'Italie et mourut en chemin.

1146. HENRY DE LEYEN, 60.ᵉ Év.ᵉ

HENRY DE LEYEN fut rappelé de Rome et porté à l'épiscopat par les suffrages du clergé et du peuple.

On étoit alors dans la chaleur des croisades. Bernard, qui donnoit l'impulsion à son siècle, parut en Flandre avec un air de prophète. En traversant la ville de Liége, il parla devant le peuple et l'entraîna par son éloquence.

L'empereur Frédéric, dans un voyage qu'il fait en Lombardie, emmène avec lui l'évêque Henry ; ce prélat, à son départ, laisse au corps de la noblesse l'administration de l'Etat, et les affaires ecclésiastiques au prévôt de Saint Lambert, à l'un des archidiacres et à l'abbé de Saint Jacques.

Il meurt à Pavie.

1165. ALEXANDRE II, 61.ᵉ Év.ᵉ

IL a pour successeur Alexandre II, qui périt de la peste en Italie où il avoit suivi l'empereur Frédéric.

Ce prince, irrité d'une excommunication du pape Alexandre, l'avoit assiégé dans Rome et l'avoit obligé de se retirer sur les terres de Sicile; mais ce succès lui causa la perte d'une partie de son armée, qui fut détruite par la contagion.

RADULPHE, 62.ᵉ Év.ᵉ 1168.

Le siége demeura longtemps vacant; enfin le choix des électeurs se détermina en faveur de Radulphe.

Il étoit accusé d'aimer l'argent; les bénéfices de son église devinrent pour lui un objet de trafic; il en faisoit même un commerce public, et choisissoit, pour agioteurs, des gens de la lie du peuple.

L'empereur Frédéric convoque, à Aix-la-Chapelle, la plupart des princes de Lorraine, 1171. et, en leur présence, le comte de Brabant cède à l'évêque de Liége tous ses droits sur Herstal, pour la somme de trois cents marcs d'argent. Les titres furent remis au prévôt de la cathédrale, et Giles de Duras fut constitué mainsour de cette donation faite au profit de l'église de Liége.

Il y eut quelques monastères fondés dans ce temps; ceux de Leffe, de Herkenrode, de Bernard Fagne, de Hinsberg; l'hôpital de Cornillon, celui des Trois Coquins et les Béguines de Saint Christophe.

1185. L'année 1185 fut remarquable par l'incendie de l'église de Saint Lambert. Le feu se communiqua aux maisons voisines, et gagna le vieux palais épiscopal. Une partie des chartres périt dans les flammes. Les nobles fournirent des copies de plusieurs de ces actes qu'ils avoient entre leurs mains; on en forma un recueil qu'on fit approuver par le pape et par l'empereur.

Le sort de cette église fut d'être souvent démolie et rebâtie. En 580, Saint Monulphe en jeta les fondemens; en 710 elle fut accrue par Saint Hubert : Notger la fit abattre et construisit un vaisseau plus vaste. Brûlée sous l'évêque Radulphe, elle fut rebâtie; mais l'ouvrage ne put être achevé que soixante-sept ans après l'incendie.

On prêchoit dans l'Europe une nouvelle croisade: le légat du pape vint à Liége et détermina l'évêque Radulphe à se croiser. Les comtes de Looz et de Duras suivirent son exemple; ils accompagnèrent l'empereur Frédéric dans son expédition en Asie; mais comme ce prince passoit le Cydnus, son cheval s'abattit; il se noya, ses troupes se débandèrent. Radulphe reprit la route de Liége et mourut près de Fribourg.

Deux concurrens se présentèrent pour avoir le siége. L'empereur Henry VI, gagné par Lothaire qui lui avoit fait présent de trois mille marcs d'argent, le désigna, prétendant que ce droit lui étoit acquis lorsqu'il y avoit des partis dans l'élection.

Cependant Albert de Louvain avoit été élu à la pluralité des voix. Il se rendit à Rheims et se fit sacrer par l'archevêque, tandis que Henry VI installoit Lothaire à Liége.

SAINT ALBERT DE LOUVAIN, 1191.

63.e Év.e

Albert étant de retour, se laissa gagner par les affidés de son compétiteur, qui l'attirèrent dans un piége et le poignardèrent. Lothaire devint en horreur au peuple et fut obligé de s'éloigner.

Le duc de Brabant, frère d'Albert, le duc de Limbourg, son oncle, les archevêques de Cologne et de Mayence, et d'autres princes d'Allemagne se liguèrent pour venger cette mort. Leurs troupes réunies se jetèrent sur le comté d'Hostade, qui appartenoit à la famille de l'assassin, et ils le mirent au pillage. L'empereur pacifia ces troubles et, comme lui-même avoit trempé dans le crime, il fit dresser deux autels à Saint Lambert, comme un monument de son repentir, et il y fonda des messes. Les prêtres qui desservent ces autels sont appelés chanoines impériaux.

Le duc de Limbourg, au milieu de ces désordres surprit les suffrages en faveur de son fils, et le fit investir par l'empereur; mais une partie du chapitre en appela au Saint Siége. Henry, qui n'avoit agi que par politique, les appuya secrètement : l'élection fut déclarée nulle, et l'élu, n'ayant point égard au jugement du pape, fut interdit. Il fallut procéder à de nouveaux suffrages; Albert de Cuick les emporta.

1195. ALBERT DE CUICK, 64.e Év.e

IL s'éleva quelques troubles dans la ville. Les bourgeois faisoient construire à grands frais une enceinte de murailles, et pour se soulager de cette charge, ils forcèrent le clergé d'en partager le poids. Il faut présumer qu'ils avoient employé l'autorité des échevins. Le clergé se plaignit qu'on violoit ses priviléges; il fit fermer les églises, et lança un interdit sur la ville; il arrêta même des marchands qui venoient de trafiquer à Francfort. Le peuple s'indigna de ses violences et se moqua de ses censures. Il s'a-

troupa : on traîna un chanoine en prison; d'au- AN DE
tres furent insultés; Albert fit un accord qui J.C.
appaisa le tumulte. 959.

Il obtint plusieurs priviléges en faveur de la cité. Ces priviléges furent confirmés dans la suite par Philippe II et ses successeurs.

Ce fut sous son règne qu'on découvrit les 1198.
houilles et qu'on commença d'en faire usage. On prétend que ce fut un Anglais qui fit connoître ces charbons : ils étoient déjà employés, de son temps en Angleterre.

La vie d'Albert finit avec le douzième siècle, et l'évêché fut donné à Hugues de Pierpont.

HUGUES DE PIERPONT, 65.ᵉ Ev.ᵉ 1200.

Il étoit Français et allié aux comtes de Namur.

Sur un différend qu'il eut dans le chapitre, après son élection, il prit le parti d'aller à Rome, et confia, dans son absence, le Gouvernement au comte de Hainaut; mais le légat, qu'il rencontra dans sa route, le ramena, fulmina contre les opposans et confirma l'élection.

Il voulut profiter de la présence du légat pour réformer les abus de son clergé.

Les chanoines, après un siècle de discipline, avoient commencé à se lasser de la vie commune et, dès le dixième siècle, tous les chapitres d'Allemagne l'avoient abandonnée. Celui de Liége se maintenoit encore dans la règle; mais sous Albéron II, il se relâcha; sous Radulphe il rompit la communauté; enfin, malgré les efforts de Hugues, il obtint du Légat, qu'à l'avenir, les fruits de la mense épiscopale seroient partagés entre les chanoines résidens, sans qu'ils fussent obligés à la vie commune et aux règles du concile d'Aix-la-Chapelle.

Ce concile, tenu par Louis le Debonnaire, l'an 816, avoit prescrit aux chanoines la vie monastique. Le prince avoit même étendu cette règle jusqu'aux chefs du clergé, et l'on sait combien cette réforme lui avoit été funeste.

1204. Liége, sous l'épiscopat de Hugues, s'accrut par la donation que le comte de Moha lui fit de sa terre.

La forme ordinaire de ces investitures étoit de mettre sur l'autel une paille, un faisceau d'herbes, un fétu noué, un gand ou quelqu'autre chose de peu de valeur. C'étoit ainsi que, selon la loi des Francs, on transféroit un domaine d'une main à l'autre. La cérémonie se terminoit par un baiser. Quand la donation étoit faite par une femme et reçue par un moine, l'avoué de l'abbaye étoit chargé de recevoir le baiser.

Le comte de Moha donna sa terre sous la condition d'en jouir pendant sa vie, et dans le cas qu'il vînt à mourir sans enfans. Dans la suite, il eut une fille ; mais il ratifia le contrat, sous la promesse de cinquante mille marcs d'argent que l'évêque et le chapitre s'engagèrent à lui payer.

L'ordre des Croisiers s'établit à Huy.

L'empereur Othon réveille la querelle des investitures. Elles étoient depuis longtemps une source de divisions entre les papes et les empereurs. Ceux-ci n'avoient jamais perdu de vue ce point de leur autorité. Plusieurs avoient paru céder aux circonstances ; aucun n'avoit renoncé à ses prétentions. Othon prend les armes ; il est excommunié : l'archevêque de Mayence le dépose au nom du pape, délie ses sujets du serment de fidélité, et convoque les Etats de l'Empire, qui donnent la couronne à Frédéric, roi de Naples.

Othon, alarmé, tient une diète à Nuremberg : l'évêque Hugues et plusieurs autres refusèrent de s'y trouver. Le duc de Brabant, neveu du comte de Moha, qui n'avoit vu qu'à regret cette terre échapper de ses mains, profita du ressentiment de l'empereur et marcha vers Liége à la tête de ses troupes. Les bourgeois n'osent prendre les armes : l'évêque se retire à Huy. Le duc trouve la ville abandonnée et la livre au pillage; On alloit y mettre le feu, quand le clergé et le peuple offrirent de prêter serment de fidélité à l'empereur. Le duc, content de leur soumission, sortit de Liége, chargé de dépouilles. Hugues y rentra, la rage dans le cœur; il excommunia ses ennemis, ordonna que la croix et les reliques fussent exposées sur le parvis et couvertes d'épines, dans tous les lieux de son diocèse, que le chant y fût interdit, et qu'on renouvelât, tous les dimanches, la sentence portée contre les coupables.

Cet usage, d'entourer d'épines la croix et les images des saints, et de les exposer sur le pavé, dans des temps de persécutions, fut condamné, comme impie, par un concile de Lyon.

1213. Cependant l'évêque ayant obtenu du souverain pontife l'absolution du serment que son peuple avoit fait à l'empereur, prit les armes, et, soutenu de ses alliés, fondit sur le Brabant, attaqua le duc, remporta sur lui une victoire sanglante, lui prit plusieurs villes, et l'obligea d'aller à Liége pour y faire, à genoux, une réparation publique de son injure.

L'empereur armoit contre Philippe Auguste qui soutenoit Frédéric. Il attira dans son parti le duc de Brabant et le comte de Flandres. Le roi d'Angleterre entra dans la ligue: Hugues leur offrit ses services et fut remercié. Deux

cent mille hommes s'avancèrent jusqu'à Tour- AN DE
nay, menaçant d'accabler la France et se par- J. C.
tageant déjà les dépouilles de Philippe. Ce
prince, plus foible des trois quarts, marcha contr'eux, et leur livra, près de Bovines, cette fameuse bataille où trente mille ennemis furent massacrés. Philippe eut la gloire de triompher, de sauver sa couronne, et de donner l'Empire à son protégé. Cette victoire fut décisive en faveur de Frédéric, et il fut généralement reconnu.

Othon, chassé, prit le parti de se rendre dévot. Il se faisoit fouetter par des moines et fouler aux pieds de ses valets, pour faire pénitence d'avoir perdu le trône.

Hugues mourut dans le cours de ces événemens et Jean Deppes fut élu par le clergé, la noblesse et le peuple.

JEAN DEPPES, 66.ᵉ Ev.ᵉ 1230.

L'ITALIE est agitée par les factions des Guelphes et des Gibelins.

Grégoire IX avoit excommunié Frédéric II, et l'avoit déclaré inhabile à posséder la dignité impériale.

Frédéric assiége Rome, force le pape d'en sortir et de se réfugier à Perouse.

AN DE J. C. 1231.

Grégoire, pour fortifier son parti, envoya des légats dans plusieurs cours. Un de ces légats parcourut l'Allemagne, et, dans son séjour à Liége, il voulut rassembler en masse les revenus des colléges ecclésiastiques, pour les répartir en portions égales. Ce projet, dont l'idée lui avoit été donnée par l'évêque, souleva toute la hiérarchie: on eut recours à la chambre impériale. L'empereur profitant des dispositions de la ville, lui envoya le président de la chambre avec un grand cortége. Le légat emmena Jean Deppes, sortit de la ville et la mit en interdit. Toute fonction sacerdotale fut supprimée; il n'y eut d'exception que pour le baptême.

Le commissaire de l'empereur alla trouver l'évêque à Huy, et lui défendit, au nom de son maître, de toucher au gouvernement de la province. Il obtint du légat la levée de l'interdit. Jean Deppes, outré de son affront, évoqua le clergé par des lettres adressées au chapitre, et le clergé refusa d'obéir.

Les députés des villes du pays s'étant assemblés, résolurent de s'adresser au roi des Romains, pour obtenir de lui la ratification de leurs droits. Henry VII, par son diplome, déclara qu'il n'entreroit dans aucun traité avec Jean, que cet évêque n'eût promis de respecter les priviléges du peuple. Ce rescrit fut

1231.

adressé aux échevins, aux jurés et aux bourgeois de Liége, ainsi qu'aux villes de Huy, de Dinand, de Saint Trond, de Fosse et de Tongres.

AN DE J. C. 1231.

La Nation fait ici le premier pas vers la liberté.

Mais avant d'entrer dans un nouvel ordre de choses, je reporte les yeux sur le tableau que j'ai tracé.

Liége, fondée au milieu du sixième siècle, et tour-à-tour soumise aux rois de France et de Germanie, n'avoit pas encore de mouvement particulier. Comme les commencemens de son histoire ont une liaison intime avec l'histoire de ces Etats, je n'ai pu me dispenser de m'arrêter sur des détails quelquefois étrangers au fond de mon sujet, mais qui me conduisoient à des faits essentiels. Ses premiers évêques, admis au conseil de nos rois, bornoient leur influence aux intrigues de la cour. Ils obtenoient des terres et augmentoient sourdement leur domaine. L'Etat ne fut longtemps composé que du clergé et du peuple. Louis le Debonnaire leur avoit abandonné la liberté des élections, et ne s'étoit réservé que le droit de les confirmer. Le peuple

AN DE J.C. 1231.

étoit gouverné par les échevins; le clergé, par l'évêque. Celui-ci, longtemps despote, commençoit à perdre une partie de ses droits; et c'étoit l'ouvrage de la noblesse. Elle ne fut associée au corps politique, qu'à la fin du douzième siècle. On vit alors le monstrueux effet du gouvernement féodal: on vit l'évêque lutter sans cesse avec sa noblesse. Il fallut opposer une digue à ce torrent qui continuoit de s'accroître, et ce fut au peuple qu'on s'adressa. Du moment qu'il se fut créé des maîtres, la noblesse plia. S'il étoit naturel de chercher dans la conduite du chapitre une suite de combinaisons, un but déterminé, une politique constante, on pourroit croire qu'il voulut renverser la noblesse par le peuple, pour ôter un jour à ce même peuple sa portion d'autorité, et se trouver sans concurrens; mais il faut présumer que le hazard seul a produit cette chaîne d'événemens. On ne voit pas en effet, que jusqu'à la création de la magistrature, il ait indiqué ses prétentions: il n'avoit aucune part au gouvernement. On a vu que dans l'absence de l'évêque, et surtout dans les derniers temps, l'administration étoit confiée à la noblesse.

Les successeurs de Charlemagne ayant rendu tous les fiefs héréditaires, il s'étoit formé dans la suite un corps de nobles: possesseurs de terres, ils eurent des vassaux qu'ils menèrent à la guerre. Obligés souvent de combattre pour la défense de leurs domaines, ils s'étoient fait une puissance militaire qui les rendoit redoutables. Pour les empécher de nuire, il fallut les associer au gouvernement. L'histoire ne fixe point l'époque où ils devinrent un des ordres permanens de l'Etat.

AN DE J. C. 1231.

Dans l'onzième siècle, on comptoit à Liége six cents chevaliers faisant la profession des armes; il y avoit alors six rues où étoient les blasons et le cri des armes qu'avoient pris les riches bourgeois habitans de ces rues. On appeloit ces bourgeois les grands, et les petits, ceux qui exerçoient des métiers. Chacun de ces deux colléges avoit un juré qui gouvernoit son quartier.

Des chevaliers (1) venus du village d'Ans, et qui crioient Saint Martin, formèrent longtemps la famille la plus nombreuse et la plus puissante de Liége. Les armes de Saint Martin étoient empreintes sur les sceaux de la cité. Ils se virent éclipsés par les Surlets et les Després, dont le chef fut le seigneur Louis aux Chausses rouges. On nommoit seigneurs les aînés des riches bourgeois. Leurs habits étoient de cou-

---

(1) Hemricourt, Miroir des nobles.

AN DE J. C. 1251.

leur verte et grise, relevés sur le haut des épaules, d'une étoffe bigarrée, comme les bannerets les portoient. Ce Louis étoit plus absolu dans la ville que l'évêque Hugues. Ce fut un de ses descendans qui fut le premier bourguemestre.

Quand ces familles étoient en guerre, chacun rassembloit dans son château ses parens et ses alliés: le seigneur châtelain se mettoit à leur tête; on pilloit les terres de l'ennemi, on brûloit ses maisons, on mettoit à mort les prisonniers; et quand on étoit las de piller, de tuer et de brûler, on faisoit la paix. Le peuple étoit l'esclave d'une foule de petits tyrans, et ne savoit auquel obéir : d'une autre part, sa position le tenoit en haleine contre les ducs de Brabant et les comtes de Flandres. Leur voisinage produisoit de petites querelles et de longues inimitiés que le temps n'a pu détruire.

Liége étoit devenue membre de l'empire; elle avoit acquis tout ce qu'elle possède, et n'avoit encore rien perdu. Dès l'onzième siècle, les évêques faisoient battre monnoie et prenoient le titre de princes: depuis le concile de Latran, tenu l'an 1123, ils étoient élus par les trois ordres. L'État paroissoit florissant; une révolution changea le gouvernement : elle ne fut point produite par le clergé; mais il en donna le signal, en invoquant contre son évêque la protection de l'empereur. Elle fut amenée par l'effet lent et progressif des lois carolines qui avoient prêté trop de pouvoir à la noblesse, et par la tyrannie des échevins qui étoient choisis dans son corps (1). Ils administroient à-la-fois la justice et la police ; on ne recevoit dans leur tribunal que les descendans de ses anciens membres. Ils nommoient tous les ans, parmi les bourgeois, un certain nombre de sujets dont ils formoient le conseil de la ville, et auxquels ils préposoient deux échevins pour maîtres ; mais c'étoit dans ces patriciens que résidoit toute l'autorité. Le prince ne pouvoit, sans leur octroi, lever de troupes ni établir d'impôts : il n'appartenoit qu'aux échevins de faire prendre les armes, et quiconque osoit s'informer du sujet de la guerre, étoit puni de l'exil. Enfin ils accabloient le peuple d'énormes contributions et se rendoient odieux par leur administration tyrannique. L'impulsion une fois donnée par le clergé, la nation se souleva ; pour l'appaiser on lui créa des maîtres particuliers. Nous allons la suivre au milieu de ses convulsions, de ses

AN DE J. C. 1231.

___

(1) Fisen, Hist. Leod. tom. 2.
Recueil des Edits, tom. 1.

de caprices, de ses fureurs; et son histoire va nous aider à développer son génie.

A LA mort de l'évêque Jean Deppes il y eut dans le chapitre de grands débats pour l'élection d'un successeur. Les capitulans étoient divisés en deux partis; les uns demandoient Guillaume, frère du comte de Flandres; les autres, soutenus par l'empereur, penchoient pour Othon, prévôt de Maëstricht. La cause fut portée à Rome, et le pape se décida en faveur de Guillaume.

1239. GUILLAUME LE SAVOYARD,

67.e Év.e

L'EMPEREUR envoya son fils Conrard à Liége pour installer Othon : le chapitre déclara qu'il étoit prêt de faire hommage à celui des deux candidats que le pape auroit nommé. Dans le cours de ces débats, Guillaume mourut. On voulut faire une nouvelle élection; mais Grégoire, qui se défioit des partisans de l'empereur, la fit suspendre par son légat, sous peine d'excommunication. Cette défense occasionna un an d'interrègne, pendant lequel l'État se trouvoit en proie à une multitude d'hommes puissans et licentieux, qui le gouvernoient despotiquement. Il est vraisemblable que Fisen, dont j'emprunte ce récit, a voulu parler des échevins et de la noblesse (1). Il n'est point ici question du chapitre : le même auteur ajoute qu'on n'étoit pas encore dans l'usage d'élire un mambour pendant la vacance du siége, quoique les empereurs en eussent donné le pouvoir.

Enfin le légat fixa le jour de l'élection et se rendit à Liége pour y présider. L'assemblée étoit composée de tout le clergé, du corps de la noblesse, et du peuple. Il y eut trois factions; celle de Robert l'emporta, et il fut proclamé solemnellement.

ROBERT DE LANGRES, 1242.

68.e Év.e

A peine étoit-il sur le siége, que l'archevêché de Rheims vint à vaquer; il le convoita, et dans le dessein de l'obtenir, il forma une somme considérable, employa des brigues, et commençoit même à faire publiquement ce manége illicite, quand il manqua son but et fut obligé d'y renoncer.

---

(1) Fisen, Hist. Leod., tom. 2.

AN DE J. C. La multitude des affaires obligeoit souvent les évêques d'interrompre leurs fonctions épiscopales dans les jours solemnels, et le saint siége, pour remédier aux inconvéniens de leur absence avoit donné le vicariat de l'église aux abbés de Lobbe; mais cette abbaye étant éloignée de Liége, le chapitre obtint du pape innocent IV que ses évêques auroient à l'avenir pour vicaires les abbés de Saint Jacques, qui porteroient la mitre et feroient les fonctions du prélat dans son absence.

1242. On commence à faire mention des maîtres de la cité; mais ils étoient connus depuis long-temps sous le nom de jurés.

Robert meurt et le siége reste onze mois vacant.

1247. HENRY DE GUELDRES, 69.ᵉ Év.ᵉ

LES intrigues du cardinal Legat font élire Henry de Gueldres. Comme ce prince étoit fort jeune, le pape lui accorda une dispense pour gouverner son église; il fut le premier évêque qui introduisit à Liége l'usage d'un suffragant. Ses successeurs l'imitèrent, et pendant plusieurs siècles, le suffragant fut tiré de l'ordre des Carmes.

Henry réforme quelques abus : l'un portoit

sur la dépense que faisoit l'Etat à la réception de certains chevaliers qui n'avoient d'autre emploi que de défendre les immunités du clergé et de lire tous les jours l'histoire de la Passion.

Un autre abus portoit sur le commerce des denrées ; il fut corrigé par un réglement connu sous le nom de *Lettres touchant les choses vénales*. C'est le premier dont il soit parlé ; il il fut signé par l'évêque, le chapitre, les maîtres, et l'abbé de Saint Laurent. 1251.

On vit alors s'élever une étincelle qui fit naître un incendie général. 1252.

Un capitulaire de Charlemagne, de l'an 806, vouloit que les églises eussent la justice criminelle et civile sur tous ceux qui habitoient leur territoire. Les immunités de ces églises étoient d'une très-grande étendue : un coupable qui se réfugioit dans leur enclos, n'en pouvoit être arraché par la justice séculière.

Aujourd'hui même encore le chapitre ne peut faire saisir un particulier dans l'enceinte cathédrale, sans la permission du prince. Ces lieux sont des asyles sacrés, excepté dans les cas marqués par le droit canon et par la bulle de Benoît XIII. Ce privilége est si bien reconnu, que lorsqu'on mène un criminel au supplice, on lui fait faire de grands détours pour éviter de passer sur les franchises des églises.

AN DE J. C. 1252.

Le domestique d'un chanoine blesse un bourgeois d'un coup de poignard et se sauve dans un couvent : le mayeur y court, fait briser les portes et arrache le coupable de son asyle : les moines, jaloux de maintenir leurs priviléges, vont le réclamer, et sur le refus qu'on fait de le rendre, ils fondent sur son escorte et le délivrent. Les échevins arrivent à l'appui de leur mayeur, et proscrivent le fugitif. Les chanoines à leur tour paroissent en cause et invoquent le droit qu'ils ont obtenu des empereurs, et spécialement de Henry IV, de soustraire leurs domestiques à toute juridiction séculière, et d'en faire justice eux-mêmes. Henry, ne pouvant les accorder, lance les censures contre la ville, et fait casser par le roi des Romains la sentence des échevins. Alors assemblant les États, il leur déclare qu'il se réserve la surintendance de la justice et l'inspection sur la police. Il est approuvé par le peuple, mais il trouve des oppositions dans la noblesse et les échevins ; ils prétendent que cette nouveauté porte atteinte à leurs droits, et veulent être entendus dans le chapitre. Leur député y parle avec audace : cette liberté déplaît. Un archidiacre le frappe d'une baguette qu'il portoit à la main : le député sort brusquement de l'assemblée, et parcourt la ville en criant que le chapitre en vouloit à la vie des bourgeois. Il attroupe le peuple: on court aux armes: on sonne la cloche militaire. Bientôt, suivi d'une multitude, il enfonce les portes du chapitre; l'évêque et les chanoines épouvantés d'un orage dont on n'avoit jamais vu d'exemple à Liége, ont à peine le temps de se sauver et sont chassés de la ville.

La noblesse triomphoit; mais sa victoire fut courte : le peuple n'ayant plus sous les yeux les objets de sa querelle, réfléchit sur sa violence et se calma. La paix se fit : un des articles portoit que plusieurs bourgeois iroient, pieds nuds, au-devant du prince et du clergé. Il y eut une amende contre les échevins, et il leur fut défendu de s'immiscer dans les affaires des chanoines ou de leur maison.

Les échevins, mécontens de cette paix, résolurent de s'associer avec le peuple, et, comme Henry de Dinant en étoit fort aimé, ce fut à lui qu'ils s'adressèrent, lui disant qu'il importoit au peuple et à la noblesse de ne point laisser croître la puissance de l'évêque et du clergé. Henry leur proposa adroitement, pour établir ce traité, d'abandonner au peuple le droit qu'ils avoient de choisir annuellement deux maîtres. Il leur faisoit entendre qu'ils ne perdroient rien, que le choix de la bourgeoisie tomberoit certainement sur la noblesse; et il promit d'employer pour eux son crédit auprès du peuple. Ils donnèrent dans le piége. Henry répandit le bruit de ce projet, fit agir ses amis et parla lui-même à la bourgeoisie. Il s'énonçoit avec grace, et son éloquence étoit insinuante. Il dit que le temps étoit venu de secouer le joug de l'évêque et de la noblesse, de rentrer dans leur ancienne liberté, et de se créer des magistrats indépendans. Le jour de l'élection étant venu, il fut choisi par le peuple qui, pour la première fois, nomma ses maîtres. Henry et son collègue jurèrent, en présence des bourgeois, de maintenir les priviléges de la cité; alors se tournant vers les échevins, Henry les oblige de prêter le même serment. Le peuple est transporté : mille voix crient liberté ! chacun croit être à la renaissance de la ville, et la foule bénissoit son libérateur. Les échevins, trompés, se déchainent contre le nouveau maître qui, pour affermir son gouvernement, établit d'abord une milice, divise le peuple en classes, en tire vingt capitaines, et donne à chacun deux cents hommes à conduire. Il s'empare de la police, à l'exclusion des échevins qui perdirent bientôt la plus grande partie de leurs droits, et se virent enfin resserrés dans l'administration de la justice.

Le chapitre s'applaudissoit de cette révolution; mais l'élu (nom qu'on donnoit à l'évêque quand il n'étoit pas encore prêtre) la voyoit d'un œil jaloux, et ne tarda pas à se brouiller avec les nouveaux maîtres.

AN DE J. C. 1253.

Dissimulant leur autorité, il s'étoit adressé aux échevins, suivant l'ancien usage, pour en obtenir une levée de milices en faveur du comte de Hainaut. Les échevins, flattés de cette préférence, lui avoient même accordé le pouvoir de mener les bourgeois à la guerre. Henry de Dinant parut au moment où leur édit étoit publié sur le perron; il déclara que le peuple ne marcheroit que quand il s'agiroit de soutenir la dignité de l'église; et montant à la tribune, il défendit aux bourgeois de prendre les armes. Le prince, irrité, sortit de la ville et alla trouver l'empereur qui autorisa, par un décret, la levée des troupes pour son expédition.

Pendant son absence, les chanoines de Saint Lambert assemblèrent la bourgeoisie, et l'on proposa de supprimer quelques impôts. Henry de Dinant s'y refusa. La dispute devint si vive, qu'il y eut une émeute: le bruit se répandit dans la ville qu'on avoit assassiné Henry: le peuple courut aux armes et força les portes de la cathédrale; mais la présence de son héros appaisa le tumulte. Les bourgeois, pour expier leur faute, allèrent, pieds nuds, demander pardon au chapitre. Ils firent réparer les brèches, et on fustigea les au-

1254.

AN DE J.C. 1254.

teurs du trouble. Le prince, peu content de cette réparation, mit la ville en interdit, et il évoqua le clergé à Namur. On prit les armes : Henry, dont la magistrature alloit finir, parcourut les villes de la province, et persuada à leurs habitans de se créer, comme à Liége, des maitres annuels. Huy, Dinant, Saint Trond entrèrent dans la ligue. Le prince fit ravager les terres de Henry et tenta sans succès de le faire enlever. Ce magistrat étoit devenu l'idole du peuple : il en étoit l'appui, l'ame et le conseil. Ce fut lui qui se donna des successeurs ; il

1255. les fit choisir dans la dernière classe des citoyens, et continua de gouverner sous leurs noms. Il lui étoit aisé d'abuser de cette extrême puissance, et celle des échevins n'avoit jamais été si grande.

La guerre alloit commencer, quand le légat du pape proposa un accommodement qui fut agréé des deux partis.

Ces premiers troubles firent naître à l'élu et au chapitre l'idée de consigner à Liége des paysans de la banlieue, pour garder la ville pendant l'absence de bourgeois.

La paix dura peu : on vit se rallumer le feu de la guerre civile. Deux jeunes gens de Huy ayant causé quelques troubles, les échevins les proscrivirent sans les avoir cités trois fois, suivant l'usage. Le peuple cria qu'on violoit ses libertés : Henry de Dinant courut à Huy et jugea qu'on devoit révoquer le bannissement. Les échevins persistèrent dans leur sentence ; on pilla leurs maisons. Le prince lança l'interdit sur les Hutois : Liége, Saint Trond, Dinant se soulevèrent. De Gueldres se trouva presque seul : il réclama le secours de ses alliés, et, pour soutenir cette nouvelle guerre, il engagea plusieurs villes au duc de Brabant. Les chanoines protestèrent contre cet acte et s'avisèrent d'excommunier le duc. Saint Trond fut pris, les Hutois mis en fuite et la paix se fit ; mais l'élu ayant fait bannir Henry de Dinant, la ville fut consternée à cette nouvelle. On se vengea sur les biens des échevins qui avoient porté cette sentence, et les nouveaux maîtres ne voulurent se prêter à aucun accord qu'elle n'eût été cassée. L'élu refusa constamment cet article : on reprit les armes. De nouvelles défaites obligèrent le peuple de céder : il fut chargé d'une amende et la sentence contre Henry fut confirmée.

On nomme ce traité la paix de Bierset.

Les débats se succédoient : un impôt établi par le conseil de ville excita les plaintes du chapitre. On avoit mis cette taxe sur les denrées, du consentement de l'élu, pour former la somme qui lui étoit promise par le traité. Le chapitre

AN DE J. C. 1255.

refusoit d'entrer dans cette contribution, et, ne pouvant s'en garantir, il fit cesser le service divin. L'élu, charmé de le molester, entretenoit ces divisions. Il fallut enfin s'expliquer. Les chanoines et la noblesse, qui s'étoient réunis, lui déclarèrent que s'il n'étoit pour eux, ils prendroient le parti d'être contre lui. De Gueldres qui préféroit de n'avoir affaire qu'au peuple, fit lever l'impôt, consigner dans le chapitre les sommes qu'on en avoit reçues, et mit une taxe réelle sur les biens des bourgeois. Cette charge souleva tous les esprits : on rappela Henry de Dinant qui revint au milieu des cris de joie de toute la ville, et fut accueilli avec transport comme le père de la patrie. Son entrée fut un triomphe : une foule de citoyen avoit été au-devant de lui et l'escortoit sous les armes; mais les échevins, suivis de tous les vassaux de la noblesse, attaquèrent cette multitude et la dispersèrent. Henry se sauva en Flandre auprès de la comtesse Marguerite qui lui donna un asyle, et on ne le revit plus.

On commença cette année à jeter les fondemens de la citadelle de Liége.

1257. L'élu, sollicité par les Etats, se détermina à prendre les ordres et fut nommé à l'abbaye de Stavelot. Ses nouvelles fonctions ne ralentirent point son goût qui le portoit à une vie licencieuse. Il osa insulter la fille d'un gentilhomme de la ville. L'archidiacre Tibaut, dont elle étoit parente, s'en plaignit au chapitre : l'évêque, irrité, le frappa du pied : l'assemblée fut indignée : on alloit poignarder de Gueldres s'il n'avoit pris la fuite.

Pantaléon, archidiacre de Liége, est fait pape, sous le nom d'Urbain IV.

Quelques années après, ce même Thibaut, que l'évêque avoit frappé, est élevé au Saint Siége, sous le nom de Grégoire X. C'étoit le quatrième pontife qu'avoit donné le chapitre de Liége.

Grégoire écrivit à l'évêque (1) pour lui représenter l'horreur de sa conduite. Sa lettre, qui s'est conservée, est un monument honteux des foiblesses de ce prélat.

Après un long préambule, où le pontife lui reproche l'oubli qu'il fait des devoirs de son état et lui remontre avec la douceur d'un père affligé, la route qu'il auroit dû suivre : « Nous » avons appris, ajoute-t-il, qu'au mépris de la » décence épiscopale, vous joignez l'inconti- » nence à la simonie; que vous avez fait, d'une » abbesse de Saint Benoît, votre concubine publi-

---

(1) Fisen, tom. 2.
Chapeauv. tom. 2.

»que; que vous n'avez pas rougi d'avouer à votre
»table que, dans l'espace de vingt-deux mois,
»vous aviez eu quatorze enfans; que vous leur
»avez conféré ou fait conférer des bénéfices;
»que vous avez donné pour dot à vos filles les
»meubles et les immeubles de l'évêché; qu'ayant
»séduit une religieuse et l'ayant renfermée dans
»un de vos parcs, vous lui avez associé toute sa
»communauté; que vous avez fait casser l'é-
»lection d'une abbesse, pour lui substituer une
»de vos bâtardes; que ne pouvant abuser d'une
»novice de couvent, vous l'avez fait conduire
»par son frère dans une maison de débauche;
»que vous en avez eu un enfant; que pour ré-
»compenser le malheureux qui l'avoit prosti-
»tuée, vous lui avez donné une prébende de l'é-
»glise de Liége; que pour fournir à vos dépenses
»illicites, non content du vingtième que vous
»prélevez sur tous les revenus du clergé de
»votre diocèse, vous percevez, contre tout
»droit, la moitié des fruits d'une prébende de la
»cathédrale, sous prétexte d'une servitude.
»Nous avons remarqué souvent que, quand on
»obtenoit des lettres apostoliques pour les provi-
»sions des bénéfices qui sont à votre collation,
»vous défendiez d'en faire usage, et, qu'au
»mépris du Saint Siége, vous punissiez de pri-
»son quiconque violoit cette défense. On se

» plaint que vous avez fait chasser, par humeur, AN DE
» du chapitre de Liége, notre bien aimé le fils J. C.
» du comte de * (1), et que vous l'avez obligé de 1272.
» résigner un archidiaconat qui lui étoit dévolu
» par le Saint Siége. On se plaint que vous ne
» soutenez point, contre la noblesse les droits de,
» l'église; que vous accablez le clergé d'impôts;
» que vous négligez la justice; que vous pro-
» tégez les brigands et les homicides quand ils
» vous paient; que vous affectez de paroître en
» public, revêtu d'habits profanes, et plus en
» guerrier qu'en prêtre, etc., etc. ».

Le pontife, qui avoit été chanoine de Liége, 1275.
connoissoit la conduite de l'évêque: il le cita
au concile de Lyon. De Gueldres prévit sa disgrace, quitta l'évêché, s'en repentit, fit pendant douze ans la guerre à son pays, et fut tué
dans une action.

Sa conduite avoit été un tissu d'inconsé-
quences: tout ce qu'on y démêle, c'est qu'il
avoit envie d'humilier le chapitre; mais il sa-
crifioit à ses ressentimens particuliers les bien-
séances de son état, et ses passions l'exposèrent
sans cesse à de fausses démarches.

Après sa démission, le pape Grégoire lui

---

(1) La lettre ne le désigne que par une étoile.

AN DE J. C. 1275.

donna pour successeur Jean d'Enghien, évêque de Tournai.

JEAN D'ENGHIEN, 70.ᵉ Év.ᵉ

Il s'élève une guerre entre le seigneur de Goëne et le grand bailli de Condroz, pour une vache dérobée sur le territoire du bailli. Il fait pendre le coupable. Le seigneur de Goëne s'unit à quelques nobles et ravage la Condroz: les habitans de Huy prennent les armes et brûlent le château de Goëne. L'évêque fait investir les châteaux des ligués, par le bailli de la Hesbaie; ils implorent le secours du duc de Brabant et du comte de Namur. La guerre devient générale; le comte de Flandres se joint au duc de Brabant : le comte de Luxembourg entre dans la ligue. Cette guerre, dont on ignore les détails, dura trois ans et coûta près de trente mille hommes. Philippe, roi de France, se rendit mediateur et accorda le différend.

1281. De Gueldres fait demander une conférence à d'Enghien, pour l'acquit d'une somme considérable qu'il disoit avoir prêtée au chapitre. D'Enghien se rendit au lieu indiqué ; mais il fut enlevé par des gens apostés, et le lendemain on le trouva mort à la porte d'une abbaye.

On consulta les échevins pour savoir si dans la vacance du siége les citadelles du pays apartenoient à l'empereur. Les échevins furent d'une opinion contraire ; mais ils jugèrent que ce prince avoit le droit d'envoyer un mayeur de sa part, et de nommer les échevins dans l'interrègne. On ne voit pas qu'avant et depuis ce temps, cet usage ait été suivi : ce mayeur paroît être le premier mambour qu'aient eu les États pendant la vacance.

JEAN DE FLANDRES, 71.e Év.^e

APRÈS un an d'intervalle, les électeurs ne pouvant s'accorder, le pape disposa de l'évêché en faveur de Jean de Flandres.

Il étoit fils de Guy de Bourbon, dit de Dampierre, comte de Flandres et de Namur, qui avoit épousé Mahaut de Bethune.

A peine étoit-il investi, qu'il survint de nouveaux troubles dans la capitale, pour un impôt que les échevins avoient mis sur les vivres, malgré le prince et le chapitre ; cette querelle dura près de deux ans : on fit enfin la paix des clercs.

C'est le premier concordat entre l'évêque et la cité ; et c'est en quelque sorte le premier acte de la liberté liégeoise (1). On y faisoit mention d'une peine du talion; on y accordoit des priviléges aux fieffés de Saint Lambert, qui étoient chargés de garder le corps du saint, dans les expéditions militaires. On y établissoit un impôt sur la bière, pour suppléer à l'impôt sur les vivres qui fut aboli, et dont les revenus étoient destinés à réparer les murs de Liége. On créoit une cour chargée de lever un droit sur les voitures qui entreroient dans la ville; c'est ce tribunal qu'on nomme aujourd'hui la Cour de Fermeté. L'obligation de cette cour étoit de veiller à l'entretien des murs et des portes de la ville. Pour fournir à cette dépense, on avoit d'abord établi deux impôts, l'un sur les vivres, l'autre sur les voitures. Le peuple ne voulut point qu'on établit d'impôt sur les vivres; mais cette difficulté fut levée par la paix des clercs (2). On se soumit au droit sur la bière, à condition qu'on ne pourroit augmenter cette taxe; et on obligea tous les officiers publics, à leur admission, de jurer qu'ils n'y consentiroient jamais. On statua que sept échevins et sept bourgeois

---

(1) Recueil des édits, tom. 2.
(2) Aujourd'hui la Cour de Fermeté ne lève plus cet impôt sur la bière et ne se mêle que du pavé des rues et de certaines chaussées.

connoîtroient des causes qui concernent les domestiques des chanoines.

Le chapitre et la cité dressèrent ensuite la loi *Muée*, qui traitoit des factions et qui en déterminoit les peines. Elle fut confirmée par Jean de Flandres, qui survécut peu à ces réglemens.

HUGUES DE CHALONS, 72.ᵉ Ev.ᵉ 1295.

Après un interrègne de deux ans, Hugues de Châlons fut nommé par le pape.

Depuis le concile de Latran, qui avoit ôté ce droit aux empereurs, le peuple étoit intervenu à l'élection de cinq ou six évêques; mais il commençoit à perdre ce privilége.

Le duc de Brabant s'étoit emparé de toute la juridiction de Maëstricht. Le premier soin de Hugues fut de répéter ce qui appartenoit dans cette ville à l'église de Liége; et pour soutenir ses droits, il alla mettre le siége devant la place. Les parties consentirent à un arbitrage: le comte de Luxembourg fut leur médiateur. Ce fut depuis ce temps que Maëstricht demeura par indivis sous la juridiction de l'évêque de Liége et du duc de Brabant: aujourd'hui, les Etats-généraux en partagent le domaine avec l'évêque; ils y ont garnison, et leur justice est séparée de la sienne.

AN DE J. C. 1297.

Hugues ayant fait murmurer le peuple pour une monnoie nouvelle qu'il avoit introduite, et ne pouvant calmer les esprits, sortit de la ville: il laissa dans son absence le gouvernement à Jean de Châlons son frère.

Ce fut alors qu'on institua des corps de métiers, sous deux gouverneurs, pour protéger les artisans contre la tyrannie des nobles. Aux premières élections de leurs maîtres, ces métiers votoient tantôt par tête, tantôt par corps. C'étoit des confréries civiles qui composoient la généralité du peuple. On les avoit d'abord fixés au nombre de douze; ce nombre fut porté jusqu'à trente-deux, réduit à dix-sept, mis à vingt-quatre et fixé à trente-deux.

Les Romains étoient divisés en six classes, et les Athéniens en quatre. On sait que dans ces classes, les derniers citoyens, quoiqu'ils formassent le plus grand corps, avoient le moins d'influence, par la sage distribution des législateurs; mais on conçoit combien devoient être orageuses ces assemblées liégeoises, dont chaque membre avoit sa voix.

1298. Quoiqu'il n'y eût plus de serfs dans les campagnes, il y restoit encore des traces de servitude. La guerre qui s'éleva entre les Awans (1)

---

(1) Hemricourt, Miroir des nobles.

et les Waroux, en est la preuve. Le seigneur d'Awans avoit dans son village une de ses sujètes, esclave. mais riche en pécule; Awans la destinoit à un ami, mais un parent du seigneur de Waroux l'enleva et l'épousa. Awans fit sommer Waroux de lui renvoyer son esclave, et sur le refus qu'on en fit, il rassembla tous ses parens, et marcha vers le logis qui renfermoit cette fille. N'ayant pu le forcer, il brûla un moulin, et fit le dégât dans la campagne. Les deux partis mirent beaucoup de gens en garnison dans leurs châteaux. On faisoit des sorties, et tous les prisonniers étoient mis à mort. Les Awans rassemblèrent six cents hommes, armés de toutes pièces, et brûlèrent le château de Slins. Hugues de Châlons prit parti contr'eux, confisqua tous leurs fiefs, assiégea le château d'Awans, et l'obligea de composer. Douze chevaliers se rendirent à Liége, en chemise, portant une selle de cheval sur leur tête, et demandèrent pardon à l'évêque. Cet humiliant traité rendit Awans furieux: il reprit les armes, et fut tué; mais sa mort n'appaisa point les troubles. Plusieurs châtelains étrangers s'engagèrent dans cette guerre. On étoit dans l'usage de faire une trève de quarante jours, à la mort de chaque seigneur. Ces trèves multipliées duroient quelquefois plus d'un an: pendant cet in-

AN DE J. C. 1298.

AN DE J. C. 1298.

tervale, les chevaliers alloient ensemble aux assemblées, aux tournois, aux dédicaces; et quand la guerre recommençoit, ils s'égorgeoient sans pitié. Ces chevaliers et leurs écuyers étoient montés sur des selles de tournois fort hautes, et sans étriers : ils avoient le corps tout couvert par des cottes de fer, et leurs blasons étoient brodés sur les caparaçons de leurs chevaux. On connoissoit les braves à ces blasons. Dans la suite, ils portèrent sur leurs cottes un jupon de futaine. Leur appareil imposant disparut sous ce vêtement rustique, et on ne les distingua plus qu'à l'écu où étoient attachées leurs armes.

Les deux partis se rencontrèrent près de Dammartin. On déploya les panonceaux des Bannerets : on en comptoit deux cents. L'un de ces chevaliers étoit si pesamment armé, qu'il fallut quatre hommes pour le porter sur son cheval. « Par Saint André, dit-il, quatre hommes ne » m'en feront pas descendre ». Comme dans la mêlée, ils se reconnoissoient au blason, ils se choisissoient, s'attaquoient avec fureur, en proportion de leur haine, et ne cédoient le champ qu'avec la vie. Après un combat sanglant, les Waroux furent mis en déroute : ils perdirent soixante-cinq chevaliers. De nouvelles quarantaines laissèrent respirer ces familles en deuil : on se renferma dans les châteaux : le combat de

Dammartin avoit fait de profondes blessures : on commençoit à se lasser de ces longues querelles. Les partis firent la paix ; mais les animosités ne furent éteintes qu'après un demi-siècle de guerre. AN DE J. C. 1298.

De nouveaux troubles, causés par les échevins, firent enfin sortir Hugues de sa léthargie. Il les destitua de leur office, déclarant qu'il avoit droit de les casser, pour fait de malversation. Ils parvinrent à soulever en leur faveur ce peuple inconséquent qui ne cessoit de s'en plaindre. Les chanoines sollicitèrent l'évêque d'appaiser ce tumulte, et ne pouvant l'y déterminer, ils l'excommunièrent. Le bruit de ces querelles étant parvenu au Saint Siége, le pape engagea Hugues à se démettre de son évêché, et lui donna celui de Besançon.

ADOLPHE DE VALDECK, 73.ᵉ Év.ᵉ 1301.

Adolphe de Valdeck est nommé par le pape Boniface.

On commençoit alors à substituer le nom de bourguemestre à celui de juré.

Adolphe rétablit les échevins, que Hugues avoit déposés. Il accorde la paix aux habitans de Huy qui s'étoient soulevés, et leur impose un tribut de six mille florins.

Il fait des lois contre les usuriers ; et ils l'empoisonnent.

1302. Pendant la vacance, les bourguemestres et les échevins prorogent le terme d'un impôt, et ils en haussent la taxe. Le chapitre, mécontent de cette ordonnance, leur interdit l'entrée de l'église, et fait prendre les armes aux métiers. Les échevins et les maîtres, protégés par le comte de Looz, régent ou mambour de la province, se formèrent un parti, qu'ils distinguèrent par des chaperons blancs ; les bourgeois s'étoient mis du côté des chanoines : il y eut plusieurs chocs dans les rues. Les chaperons se sentant les plus foibles, demandèrent la paix.

1303. Le peuple, piqué d'avoir vu ses maîtres s'unir contre lui avec la noblesse, exigea qu'à l'avenir leurs électeurs fussent moitié nobles, moitié plébéiens, et que les bourguemestres fussent choisis, partie dans la noblesse et partie dans la bourgeoisie. Il fut convenu, dans le traité, qu'il ne seroit plus levé d'impôt ni passé d'obligation à la charge de la cité, sans le consentement du peuple. Il fut défendu de former des milices et de faire des dons gratuits au prince, sous le nom de la ville : les échevins refusèrent de signer cet accord. Le peuple se rangea dans le marché, sous ses bannières, courut briser leurs portes, les traina jusqu'à leur siége et les força de signer l'acte.

THIBAUT DE BAR, 74.ᵉ Év.ᵉ 1304.

LES échevins ne pouvoient digérer leur affront : ils attirèrent dans leur parti l'évêque Thibaut de Bar.

Il venoit d'être élu par les chanoines, qui, pour la première fois, avoient voté seuls à l'élection. L'Histoire ne dit point comment ce droit exclusif leur étoit acquis.

Le peuple, craignant de subir le joug de la noblesse, prit les armes. Thibaut sortit de la ville, assembla des troupes, évoqua le siége de l'official à Maëstricht, et voulut conduire les échevins à Voteme (seul lieu qui dépende du tribunal des échevins de Liége), pour y faire proscrire les auteurs du tumulte. Les Liégeois parurent devant les murs de cette ville, avec des troupes supérieures. Thibaut n'osa plus rien entreprendre, et la paix fut conclue par une amnistie générale. Ce fut alors que l'évêque mit à trente-deux le nombre des métiers qui étoit borné à douze, et il les favorisa de plusieurs priviléges. 1305.

Thibaut qui avoit suivi l'empereur à Rome, 1312. pour soutenir les Gibelins, périt dans un combat contre les Guelphes, près du château Saint Ange. On sait que ceux-ci étoient attachés aux papes, et les premiers aux empereurs.

A la nouvelle de la mort de Thibaut, le chapitre élut un mambour, pour administrer le temporel dans l'interrègne. La noblesse et les échevins attaquèrent cette élection : ils disoient que le chapitre n'avoit point le droit de nommer le mambour; mais que ce droit appartenoit aux États. Les chanoines répondoient que puisqu'ils nommoient l'évêque, ils pouvoient bien nommer son représentant. Leurs raisons ne furent point goûtées : la noblesse leur déclara qu'elle ne reconnoissoit point le mambour élu contre les lois; elle se ligua avec le comte de Looz, qui prétendoit, par son titre, à la place de mambour. Le chapitre convoqua les bourguemestres, et fit une ligue avec eux.

Les premières hostilités commencent au milieu de la nuit; cinq cents nobles mettent le feu aux loges de la boucherie. La populace y court; elle est repoussée. Le mambour s'y transporte à la tête des bourgeois. Le grand prévôt, suivi de quelques chanoines, se jette au milieu de la mêlée, et tombe percé de coups. Après un rude combat, où tous les échevins périssent, les nobles, accablés par le nombre, se retirent en bon ordre, et se renferment dans une église, où ils soutiennent un nouvel assaut. Au bruit de cette émotion, une multitude de peuple accourt de la banlieue, investit l'église, y met le feu, et plus de deux cents nobles sont consumés par les flammes. La paix fut enfin conclue par une députation des trois ordres, et il y eut une amnistie.

AN DE J. C. 1313.

ADOLPHE DE LA MARK, 75.ᵉ Év.ᵉ

ADOLPHE DE LA MARCK, muni d'une lettre de Philippe le Bel à Clément V, obtint du pontife l'évêché de Liége; et pour cette fois, ce fut par un acte d'autorité : la raison du Saint Siége fut qu'il avoit droit de nommer aux bénéfices dont le possesseur mouroit en cour de Rome.

Adolphe alla visiter les cendres encore fumantes de l'église brûlée, et condamna le peuple à la rebâtir. Il y eut une taxe, à laquelle le clergé contribua.

1314.

L'évêque voulut ensuite réprimer la domination des nobles, et mettre fin aux querelles qui divisoient ses États. Il entre avec une armée dans la Hesbaie, harcèle le comte de Looz et les confédérés, les défait, et les force à demander une trêve. Elle fut appelée la paix de *Hassinelle*.

Dans le cours de ces guerres civiles, on avoit

AN DE J. C. 1315.

renouvelé une ancienne loi des Ripuaires, suivant laquelle un homicide qui nioit par serment d'avoir commis le meurtre, étoit absous.

La trève dura peu : les nobles ne cessoient de fouler le peuple; la justice n'étoit point rendue; les guerres des Awans et des Waroux continuoient encore. Un seigneur du premier parti, accusé d'avoir enlevé les bagages de la comtesse de Warfusée, fut remis entre les mains du comte de Hermal, qui lui fit trancher la tête. Le peuple fut indigné : l'évêque, craignant un soulèvement général, sortit de Liége. Les habitans, dans son absence, déclarèrent aubains tous les Waroux, brûlèrent leurs châteaux, choisirent pour mambour le fils du comte de Looz, lui adjugèrent les revenus de la mense épiscopale, et mirent à prix les têtes de la noblesse.

1316.

Adolphe évoque ses cours à Dinant, et se ligue avec le duc de Brabant, auquel il engage la part qu'il avoit dans Maëstricht. Bientôt les deux partis, las d'une guerre ruineuse, demandèrent la paix : elle se fit à *Fexhe*. Ce concordat maintenoit les franchises et les anciens usages du pays; portoit que chacun seroit traité selon les lois, et par jugement d'échevins et d'*hommes*. Entendoit-on, par ce dernier mot, les bourguemestres ou les hommes de fief, les hommes de l'évêque qui étoient ses assesseurs dans les causes portées à son tribunal ? Ce mot insuffisant est devenu une source de débats, et n'a jamais été bien éclairci.

AN DE J. C. 1310.

Suivant un jurisconsulte liégeois (1), la clause de ne point mener les sujets du pays *hors lois*, signifie qu'on ne doit citer personne devant un juge incompétent.

Adolphe étoit obéré ; ses officiers corrompoient la justice. Vingt hommes, dont cinq étoient nommés par l'évêque, furent chargés d'administrer la république : ils dressèrent un réglement (la Paix des vingt), qui fut lu dans le chapitre, approuvé du plus grand nombre, mais rejeté par l'évêque, qui ne voulut point recevoir la loi de ses sujets.

1324.

Ces articles concernoient les crimes, la police, la vénalité des emplois, la forme du serment des échevins. Ce qui blessa l'évêque, ce fut l'établissement d'un tribunal de six hommes, devant lequel on vouloit l'assujétir à répondre aux plaintes des bourgeois qu'il auroit lézés.

Tongres, Dinant, Fosse et Saint-Trond, signèrent le réglement. Liége, appuyée de leurs forces, ne garda plus de mesures. Le peuple déposa le souverain officier de l'évêque. La li-

1325.

---

(1) Chokier, Traité des Vingt-deux.

cence étoit au comble ; il avoit à peine un reste de pouvoir ; il sortit de Liége, et l'on trouva sur le parvis de la cathédrale, une sentence par laquelle il mettoit toute la ville en interdit. Les bourguemestres et le peuple demandèrent au chapitre de signer le réglement des vingt : une partie des chanoines s'en défendit ; les autres cédèrent. Comme l'interdit avoit fait suspendre le service divin, on en rappela au Saint Siége.

Je dois dire un mot de ces interdits, dont il y a tant d'exemples dans l'Histoire de Liége. Ils étoient inconnus dans les premiers siècles de l'église. L'interdit, qu'un pape lança sur la France, en 1003, parce que Robert avoit épousé sa parente, est le premier dont il soit fait mention.

Cette censure défendoit l'usage des sacremens, de l'office divin et de la sépulture ecclésiastique. La France l'a toujours regardée comme opposée aux libertés de l'église gallicane; mais l'Italie en a souvent été frappée. On observe que Venise fut interdite cinq fois. Liége le fut par les papes, par ses évêques, par ses chanoines.

Dans ces temps d'ignorance, l'oubli des principes de la nature étoit porté jusqu'au point qu'on refusoit tous les devoirs de l'humanité à ceux qui avoient encouru l'anathême.

Dans les conférences qui se tinrent à Liége, par l'entremise d'un légat du pape, Adolphe se plaignoit de plusieurs griefs, entr'autres, que les bourguemestres et le peuple faisoient des ordonnances de leur propre mouvement, levoient des impôts et s'érigeoient en législateurs. Il se fit un concordat pour quinze ans (1). Ce concordat est connu sous le nom de paix de Vilsogne : il étoit désavantageux au peuple : la plupart de ses articles sont hors d'usage, et le tribunal qu'il avoit établi n'a duré que peu d'années. Il n'est resté en vigueur que les clauses qui traitent des formalités nécessaires pour la réception d'un étranger au nombre des bourgeois.

AN DE J. C. 1326.

Il étoit stipulé que personne n'auroit de prison dans la ville, que l'évêque et ses justices : que les bourguemestres pourroient faire arrêter les criminels pendant la vacance du siége ; mais qu'ils les retiendroient jusqu'après l'élection d'un nouvel évêque ; que le prince établiroit un tribunal de vingt-quatre personnes choisies dans la noblesse et dans la bourgeoisie, pour connoître des excès du peuple, et qu'il seroit libre à la partie offensée de s'adresser aux échevins ou à ces nouveaux juges.

Cependant une partie du chapitre qui étoit

---

(1) Recueil des Edits, tom. 1. ch. 1.

restée à Liége disposoit des revenus publics. Adolphe s'en plaignit au pape, qui défendit aux chanoines de se dire collége, à moins qu'ils ne fussent réunis. Le peuple, pour justifier leur conduite, envoya au pontife un libelle contre son évêque; ses députés furent arrêtés en route par les amis d'Adolphe. A cette nouvelle la ville se souleva; tous les habitans prirent les armes. Adolphe, soutenu par les Hutois, leur livra bataille et les défit. Le peuple, pour fournir aux frais de cette guerre, ayant mis un impôt sur les vivres, quelques chanoines se retirèrent à Huy. Il fut publié à l'instant que quiconque arrêteroit un chanoine fugitif, seroit maître de sa personne et de ses biens.

Adolphe écrivit à Philippe de Valois, pour lui faire part de l'état de ses affaires. Le roi, touché de son embarras, lui fit doubler la pension dont deux de ses prédécesseurs avoient gratifié les évêques de Liége. Cette pension étoit de seize cents écus d'or.

Les Liégeois continuoient leurs hostilités. L'évêque, pour soutenir la guerre, engagea la ville de Malines au comte de Flandres, qui lui donna 12,000 florins; le clergé contribua pour 8,000. Le trésor de la ville étoit épuisé; les sommes que les députés du peuple portoient à Avignon, pour défendre sa cause, avoient été enlevées avec eux. On mit un impôt sur les vivres, malgré la défense qui en avoit été faite : on rassembla quelques troupes à la hâte ; elles marchèrent contre Adolphe, qui formoit le siége de Tongres, et furent mises en pièces. Des défaites réitérées produisirent la paix : on choisit *Floëne* pour le lieu des conférences.

AN DE J. C. 1329.

Cette paix (1) portoit que l'évêque auroit la moitié des émolumens provenant des murs, ponts, chaussées, et autres lieux publics ; que la garde de la cité lui appartiendroit et à son mayeur ; qu'il ne pourroit se servir dans les limites de Liége que de la loi Caroline.

On a vu combien cette loi favorisoit la noblesse. Il étoit permis à tout noble de prendre les armes et de tuer son ennemi ; et par une exception bizarre, il lui étoit défendu de toucher à sa maison et à ses biens : mais dans ce cas, il n'étoit sujet qu'à la juridiction des échevins, et non à celle de l'évêque qui ne pouvoit le faire arrêter.

On dressa un concordat à Votem (2) pour régler la forme de l'élection du magistrat.

1331.

La charge de bourguemestre étoit devenue

---

(1) Recueil des édits, tom. 2, chap. 9.
(2) Recueil des édits, tom. 1, chap. 2.

AN DE J. C. 1331.

si importante, que les nobles voulurent se l'approprier ; le peuple s'y opposa, et ce fut pour les accorder qu'on fit cette paix. Jusqu'alors les élections s'étoient faites avec beaucoup de désordre : on régla que le peuple ne voteroit plus en corps ; mais que les conseillers de la cité, au nombre de quatre-vingt, nommeroient douze personnes parmi les *grands* et les *petits*, (c'est-à-dire, parmi les nobles et les bourgeois); que ces douze choisiroient vingt jurés qui, avec les vingt autres de l'année précédente, auroient, eux et les bourguemestres, l'administration de la république. Ces quarante jurés devoient choisir deux maîtres et nommer encore quarante autres personnes qui formeroient le conseil de la cité. Les quarante conseillers devoient se renouveler tous les ans. Il y eut d'autres articles, sur le pouvoir des maîtres, sur leurs interstices, sur les assemblées des métiers, sur la peine de ceux qui se trouveroient aux assemblées sans autorité, sur la peine de sédition, et sur les immunités des églises.

Quoique les échevins fussent exclus de la police, le peuple choisissoit quelquefois dans leur corps ses bourguemestres. Ce ne fut qu'en 1571 qu'ils furent exclus de la magistrature : ils élevèrent un long procès ; mais le réglement de 1684 confirma cette prohibition.

L'évêque et le chapitre vendent la ville de Malines au comte de Flandres, à condition qu'elle seroit toujours fief de l'église de Liége (1). AN DE J. C. 1333.

Le duc de Brabant prétendit que cette vente étoit nulle et fit agir sous main les habitans de Malines. Adolphe lui déclara la guerre : ils al- 1334. loient se mettre en campagne : Philippe de Valois consentit de les accorder. On croit qu'il prononça sa sentence arbitrale à Amiens, en présence du roi de Bohême, de l'évêque Adolphe, des comtes de Flandres et de Gueldres, et du duc de Brabant. Cette sentence portoit :

« Que les sujets du duc, qui étoient du dio-
»cèse de Liége, resteroient soumis au tribunal
»de paix, et que la vente de Malines seroit exé-
»cutée (2) ».

Le comté de Looz, qui comprend une partie de la Hesbaie et de la Campine, à la mort 1336. de son dernier seigneur, fut dévolu à l'église de Liége, par la donation qui en avoit été faite à l'évêque Nithard.

L'empereur Henry III avoit donné à Nithard cette terre, dont le dernier seigneur étoit mort sans enfans, après l'avoir laissée par son testament à l'église de Liége. L'évêque Baldric, à

---

(1) Louvrex, Recueil des édits, tom. 1, ch. 4.
(2) Recueil des édits, tom. 1. ch. 4, § 10.

AN DE J.C. 1356.

la mort du testateur, en avoit pris possession; et cet acte fut confirmé par l'empereur. Le comte de Louvain s'étant saisi d'une partie de la terre, l'évêque fut obligé de traiter avec lui : il lui donna l'administration du comté de Brugeron. Quant à l'autre partie du comté de Looz, elle revint à son église par le défaut d'enfans mâles.

Quelques troubles s'élèvent à Huy, pour une monnoie que l'évêque vouloit réduire au-dessous de sa valeur. Les Hutois s'adressent au duc de Brabant, et réclament son appui. Adolphe assemble ses États : on jugea qu'avant de prendre une résolution, il falloit satisfaire la cité, qui se plaignoit d'avoir perdu par la paix de Vilsogne ses libertés et ses priviléges. Cette loi ôtoit au peuple le pouvoir d'élire ses bourguemestres et ses jurés.

1343.

Adolphe la modéra par des lettres connues sous le nom de *Lettres de Saint Jacques* (1). Elles régloient qu'à l'avenir l'élection des bourguemestres et des jurés seroit faite par les patriciens et par le peuple ; que chaque métier choisiroit annuellement deux gouverneurs, qui pourroient assembler leur métier quand ils le jugeroient à propos, et que sur leur requisition

---

(1) Recueil des édits, to. 1, ch. 1.

les bourguemestres seroient obligés de convoquer toute la bourgeoisie pour les affaires publiques. Il fut statué qu'on ne puniroit comme séditieux que ceux qui auroient crié aux armes, sonné la cloche bannale ou déployé les drapeaux des métiers; et que les échevins ne pourroient faire d'enquête pour le crime de sédition qu'avec les bourguemestres et quatorze jurés.

An de J. C. 1343.

La forme d'élection établie par ce concordat a duré jusqu'en 1384 (1); mais comme il y avoit douze familles nobles qui s'étoient réservé, à l'exclusion des autres, le droit qu'avoit la noblesse de choisir la moitié du magistrat, l'évêque de Horne transféra ce droit au peuple, qui fut en possession d'élire ses bourguemestres jusqu'en 1407, qu'il en fut privé par Jean de Bavière.

On croit que c'est de cette paix que vient la coutume de ne pas faire d'enquête pour crimes commis à Liége ou dans sa franchise, sans l'intervention des bourguemestres.

Le peuple satisfait, résolut la guerre contre le duc de Brabant, s'il n'abandonnoit les Hutois : le duc prit le parti de leur laisser vider leur querelle. Huy composa, et donna une somme pour appaiser l'évêque; mais l'avarice des officiers d'Adolphe, qui exigèrent de cette

---

(1) Louvrex, Recueil des édits, to. 1, ch. 1.

AN DE J. C. 1345.

ville une contribution pour eux-mêmes, excita les plaintes des Etats. On nomma des arbitres : les conseillers furent déposés : il en fut créé de nouveaux ; et pour réprimer leurs violences, on établit un tribunal composé de vingt-deux personnes nommées par le chapitre, la noblesse, le peuple et les députés des principales villes.

A peine ce tribunal étoit-il fondé, qu'Adolphe en prévit toutes les conséquences. Il sentit combien il perdoit de son autorité en soumettant ses officiers à ces nouveaux juges : le chagrin qu'il en eut lui fit quitter Liége. L'humeur l'en avoit fait sortir, l'humeur l'y ramena. A son retour, il manda les vingt-deux, exigea qu'ils lui remissent leurs lettres d'érection, les déchira et se retira en Westphalie.

Peu de temps après cette violence, Adolphe apprenant que les habitans d'Huy s'étoient révoltés, entra dans un accès de colère qui le rendit phrénétique, et il mourut.

Le chapitre, pendant la vacance, voulut se saisir de l'administration de la république : mais les bourguemestres s'y opposèrent ; ils jugèrent que cette autorité appartenoit au peuple, et le chapitre fut obligé de céder. Les Etats furent convoqués et l'assemblée choisit un mambour. Le pape se réserva encore la nomination du nouvel évêque ; et sur la recommandation du roi de France, il désigna Englebert de la Marck, qui étoit neveu d'Adolphe.

ENGLEBERT DE LA MARCK, 1345.

76.e Év.e

ENGLEBERT présenta au chapitre les lettres du Saint Siége et fut reconnu.

Son avénement est marqué par de nouvelles querelles. Les Hutois, qui ne cessoient de s'agiter, prirent parti pour un de leurs bourgeois puni par le bailli de Condroz : ils firent du dégât sur les terres du bailli, qui en porta ses plaintes aux échevins de Liége. Ce tribunal bannit dix-huit des plus rebelles, sans considérer qu'il ne pouvoit les bannir que pour des crimes commis dans la franchise de Liége. Les Hutois en appelèrent au magistrat, qui cassa la sentence des échevins, et toutes les villes confédérées prirent parti dans la même cause.

Englebert choqué d'une ligue formée contre son autorité, cita les Liégeois à Votem, pour y entendre confirmer la sentence des échevins. Le peuple prit les armes et marcha au-devant de l'évêque, qui comptoit dans son armée le roi des Romains, le roi de Bohême, les comtes de Juliers, de Looz, de la Marck et de Namur. Englebert fut battu et laissa plus de mille

AN DE morts sur la place. Loin d'être rebuté par cette
J. C. défaite, il ne respiroit que la vengeance et refusa d'écouter les propositions de paix que lui firent les États.

1347. Dans la campagne suivante, il se ligua avec les ducs de Brabant et de Limbourg, et tomba sur les confédérés avec une puissante armée. Ils furent mis en déroute et perdirent près de 12,000 hommes. L'infanterie eût été détruite, si l'avoué d'Horion n'avoit arrêté l'impétuosité de l'ennemi avec 120 cavaliers de la Hesbaie.

Les Liégeois demandèrent la paix. Englebert s'y prêta d'autant mieux, qu'il s'aperçut que le duc de Brabant s'étoit ligué avec lui plus pour le dépouiller que pour le défendre. La paix fut conclue à Waroux (1).

1355. Il y eut des députés nommés pour rédiger par écrit les articles de cette paix. Elle ne fut publiée qu'en 1355, sous le nom de *Loi nouvelle*, et par l'autorité de l'évêque, du chapitre, des bourguemestres, des échevins, du conseil de Liége, et des principales villes de la province. Ces articles concernent la justice et la police ; on y parle des retraits, des contrats de vente, des amendes dues pour un meurtre, des franchises des bourgeois. Les échevins sont

---

(1) Recueil des édits, to. 1, ch. 6.

rétablis, les traités d'alliance faits durant cette guerre abolis, et les paix précédentes confirmées avec leurs modérations. On y statue que le peuple ne pourra plus imposer de tailles, et il fut taxé à 140,000 écus d'or.

AN DE J. C. 1355.

L'historien Bouille s'est mépris. Il confond avec la paix de Waroux faite sous Englebert de la Marck et appelée la Loi nouvelle, la modération de cette paix, faite en 1386, au temps d'Arnould de Horne (1).

Englebert défendit alors aux échevins de s'arroger l'autorité souveraine et de se donner le nom de seigneurs de Liége, qui n'appartenoit qu'à l'évêque, « vu que le point de la puis-»sance et de la souveraineté résidoit tout en-»tier dans sa personne ».

Le pape l'ayant nommé à l'archevêché de Cologne, il lui donna pour successeur Jean d'Arkel.

1363.

JEAN D'ARKEL 77.e Év.^e

1364.

DANS la vacance du Siége, les trois ordres s'étoient assemblés, et ils avoient élu pour mambour le comte de Rochefort. L'Histoire observe que le chapitre lui avoit donné quatre chanoines pour adjoints.

---

(1) Bouille, Hist. de Liége, t. 1.

AN DE J. C. 1364.

Le nouvel évêque fut quelque temps paisible ; mais un bourguemestre ayant été tué dans une émeute par un garde de ce prince, son cadavre fut porté dans toutes les villes voisines. Le peuple courut aux armes : d'Arkel se renferma dans Maëstricht. Pendant son absence, on tint une journée d'État, et il fut décidé qu'on feroit la guerre si le crime restoit sans vengeance.

1373. La cité demanda vingt lances au chapitre, et proposa de rétablir le tribunal des vingt-deux, renversé presqu'aussitôt qu'élevé, sous Adolphe. L'évêque conclut une paix, (1) dont les articles portoient que les meurtriers du bourguemestre seroient proscrits ; que l'évêque ne pourroit placer que des commandans nationaux dans les citadelles ; que la même qualité seroit requise pour ses conseillers et ses officiers ; que les vingt-deux seroient rétablis ; qu'ils auroient le pouvoir de corriger les juges convaincus d'avoir arrêté le cours de la loi, ou de s'être laissé corrompre ; que leurs sentences se rendroient à la pluralité des voix, et jusqu'à leur exécution emporteroient la perte de tous les priviléges du coupable.

1375. Cette paix renversoit toute la puissance de

---

(1) Recueil des édits, to. 2, ch. 18.
Paix des vingt-deux, 1.er et 2.e.

l'évêque, et il ne tarda pas à s'en apercevoir. Un bourgeois convaincu d'un crime capital, ayant obtenu de lui sa grace, à la charge de payer une amende, osa le citer au tribunal des vingt-deux. D'Arkel déclara qu'il avoit reçu le prix de l'amende et refusa de paroître, en disant que sa personne et ses biens étoient indépendans de cette judicature. Les juges le condamnèrent par contumace, et le contraignirent de restituer l'amende : le prélat sortit de Liége et prit le chemin d'Avignon, où Grégoire XI tenoit le siége : le pape, sur sa plainte, mit tout le pays en interdit : la cité se donna un mambour et rançonna le clergé. Après la levée des deniers, elle envoya des députés au duc de Brabant, pour l'intéresser dans sa cause. Le duc offrit sa médiation entre l'évêque et son peuple (1). Il fut stipulé dans le traité que la personne et les biens de l'évêque ne seroient plus soumis aux vingt-deux, que d'Arkel feroit lever l'interdit, et que le peuple lui payeroit 16,000 florins d'or, en dédommagement de ses pertes. Il y eut une capitation imposée pour payer cette somme.

{AN DE J. C. 1375. 1376.}

___

(1) Louvrex, Recueil des édits, to. 2, ch. 18.
3.e Paix des vingt-deux.

ARNOLD DE HORNE, 78.e Év.e.

AN DE J. C. 1378.

A la mort de d'Arkel, Persan de Rochefort, frère du mambour, fut élu, sur les instances de la cité : mais le pape Urbain VI désigna Arnold de Horne. Persan s'étant ligué avec le duc de Brabant pour se maintenir sur le siége, le peuple l'abandonna et de Horne fut proclamé.

Les États assemblés résolurent la guerre. L'armée liégeoise ravagea les terres du duc de Brabant. Vingt-quatre villages furent brûlés, les villes de Hanut et de Landen saccagées, et la terreur portée jusqu'à Tillemont : les Brabançons firent une trêve d'un an, par l'entremise du comte de Flandres.

1384. Au milieu des troubles domestiques qui s'élevoient journellement, le peuple obtint la prérogative de nommer lui seul les bourguemestres et le conseil de ville ; prérogative funeste qui fut la source de ses malheurs sous Jean de Bavière.

L'année suivante, un bourgeois que le mayeur avoit cité devant les échevins, et que ce tribu-
1385. nal avoit condamné, court par toute la ville en criant à l'injustice. Il entre au palais, où l'évêque avoit convoqué le peuple pour un autre objet, traverse la foule, suivi d'une troupe de

mécontens, se place au milieu du cercle, et dé-clare à haute voix qu'il accuse les échevins de concussions et d'iniquité dans leurs jugemens. Un échevin prit la parole ; les murmures s'élevèrent, il ne put se faire entendre. L'évêque prit le parti de nommer deux commissaires pour examiner la cause, et sur leur rapport, il dégrada la plus grande partie du tribunal.

AN DE J. C. 1385.

Alors les États dressèrent un concordat sous le titre de *Mutation de la paix de Waroux*. Il devoit durer cent ans ; il abolissoit la *Loi nouvelle* de l'an 1355, et corrigeoit les abus des tribunaux (1) : il traitoit des cours féodale et allodiale. La première jusqu'alors n'avoit pas eu de lieu fixe pour rendre la justice ; l'évêque décidoit lui-même les causes feudales avec les vassaux qui se trouvoient à sa cour. Ce concordat établit un lieutenant de fiefs, chargé de rendre la justice avec les vassaux de l'évêché, et son siége fut fixé au palais épiscopal.

1386.

Les échevins dégradés se plaignirent à l'empereur. Il écouta leurs remontrances et envoya sur les lieux deux commissaires, à qui il donna des lettres pour l'évêque et le magistrat. Les commissaires confirmèrent le jugement porté contre les échevins : ceux-ci proscrits de Liége

1387.

---

(1) Recueil des édits, to. 1, ch. 6.

AN DE
J. C.
1387.

et lassés de leur exil, s'adressèrent encore, deux ans après, à la cour impériale, pour obtenir leur rétablissement. L'empereur se rendit à leur importunité : l'évêque refusa de les admettre ; il en appela au pape, et les lettres impériales furent sans effet.

Le chapitre s'étant assemblé à la mort d'Arnold de Horne, le choix des capitulaires tomba sur Thiery de la Marck ; mais il refusa l'évêché, et l'interrègne dura quatorze mois.

Les habitans de Saint Trond se soulèvent contre leur abbé, qui avoit violé les priviléges des bourgeois. Ils courent en tumulte à son monastère, et l'accablent d'injures. L'archevêque de Cologne lance un interdit sur la ville : leur fureur s'accroît ; ils chassent les échevins nommés par l'abbé, pillent leurs maisons et celles de l'abbaye. Les moines se réfugient à Hesdeyn. L'interdit fut observé si rigoureusement, qu'aussitôt qu'il paroissoit à Liége un bourgeois de Saint Trond, on suspendoit le service divin dans la paroisse sur laquelle il étoit logé.

1390. JEAN DE BAVIÈRE, 79.ᵉ Év.ᵉ

LE chapitre n'ayant pu vaincre la résistance de Thiery, donna son suffrage à Jean de Bavière, qui n'avoit que dix-sept ans. Boniface IX,

contre les décrets des canons, confirma cette ÀN DE
élection, et l'empereur lui envoya le diplome J. C.
d'investiture.

Ce prince prit aussitôt l'ordre du sous-diaconat.

Il s'occupa d'abord du soin de réformer la police, et, de l'aveu des États, il fit un mandement pour douze ans, qui maintenoit l'ordre et la sûreté des citoyens.

Les habitans de Seraing ayant coupé des bois 1395. sur ses terres, furent condamnés par les échevins. Ils s'adressèrent aux bourguemestres, qui lancèrent contre ce tribunal un décret de bannissement. Le prince fit citer le magistrat et les paysans au jugement de paix : le peuple reçut cette sentence avec des huées. Jean de Bavière se saisit du grand scel, sortit de la ville, et se renferma dans Huy avec son official.

Ces premiers troubles n'eurent point de suite: la paix se fit à Caster (1). Les plénipotentiaires furent les abbés de Saint Laurent, de Saint Jacques et de Beaurepaire, les députés du prince, ceux des Etats et les bourguemestres. On stipula que ces derniers feroient une soumission au prince, en présence du clergé et de la noblesse; que Liége et les autres villes conser-

---

(1) Bouille, Hist. de Liége. t. 1.

veroient leurs priviléges ; que les habitans de Seraing et de Saint Trond seroient jugés suivant les lois, et que le passé seroit mis en oubli.

Le schisme des papes Clément et Urbain divisoit alors l'église. Le roi Charles VI, qui avoit d'abord penché pour Clément, embrassa la neutralité, et fit inviter les Etats de Liége à suivre le même parti. Il leur faisoit des offres d'amitié et de protection : les États s'empressèrent d'y répondre, au gré de ses intentions, et leur exemple fut suivi par le clergé.

1400. Avec le quinzième siècle, on vit naître une foule de désastres qui se répandirent dans toute l'Europe. L'empereur est dépossédé ; son successeur est égorgé ; l'église tourmentée par un schisme opiniâtre ; en Angleterre, le duc de Lancastre détrône le roi Richard, le fait mourir et usurpe sa couronne. La France, sous le règne de Charles VI, étoit partagée entre les ducs d'Orléans et de Bourgogne, qui se disputoient la régence. Celui-ci, soutenu de plusieurs seigneurs, entr'autres de Jean de Bavière, son beau-frère, l'emporta sur son rival.

Liége n'étoit pas plus paisible. Tandis que son prince, emporté par l'ardeur de sa jeunesse, voltigeoit de cour en cour, il aliénoit l'esprit de ses sujets, qui ne le voyoient point disposé à prendre les ordres. Les lois étoient sans vigueur ;

on lui reprochoit son indolence; on commen- AN DE J. C. 1403.
çoit à publier que, ne voulant point se faire sacrer, quoiqu'il eût atteint l'âge compétent, il
ne pouvoit jouir de la principauté. Il s'éleva
des factions. Les séditieux s'emparèrent de la
mense épiscopale, et se donnèrent un mambour.
Le prince évoqua toutes ses cours à Huy, où il
s'étoit retiré. Le chapitre lui ayant envoyé des
députés pour traiter de la paix, Jean consentit
à rentrer dans Liége, et le mambour fut dégradé. Seize hommes nommés par le prince et
par les Etats, furent chargés de dresser des réglemens, pour concilier son autorité avec la
liberté du peuple. Telle fut la paix des seize (1).

Les premiers articles de cette paix concernent
les bourguemestres et les jurés, qui, outre le
gouvernement des métiers, concouroient alors
en juridiction avec l'official et les échevins, sur
les actions civiles et personnelles. Il est dit qu'ils
ne connoîtront plus des causes qui touchent les
héritages, les testamens, les biens de l'église,
hormis dans les cas relatifs aux franchises de la
cité. D'autres articles traitent des cours féodale
et allodiale, et des privilèges des bourgeois.

Le prince entrant au monastère de Saint 1404.
Trond, fut insulté par les habitans, et n'eut que

---

(1) Recueil des édits, tom. 2, ch. 8.

le temps de faire accourir la garnison de Montenac : elle dissipa le peuple qui marchoit déjà en ordre de bataille ; on saisit les chefs, et ils furent décapités.

1405. Jean de Bavière ayant fait un nouveau voyage en France, on publia qu'il s'étoit ligué avec le duc de Bourgogne ; que son dessein étoit d'en obtenir des troupes pour s'emparer des villes de l'Etat ; d'abdiquer l'évêché ; de prendre des dispenses du sous-diaconat ; de se marier et de séculariser sa principauté. On se plaignoit hautement : on lui fit des remontrances, que son naturel impétueux ne lui permit pas d'entendre
1406. avec patience : il en témoigna son ressentiment. Alors le peuple secoua le joug, et criant : liberté ! porta la confusion dans tous les ordres. Le tumulte circula de ville en ville, et le soulèvement devint général.

Le prince sorti de Liége, alla s'établir à Maëstricht avec sa cour, et fit fermer le tribunal des échevins. On se disposa mutuellement à la guerre ; les Etats s'assemblèrent pour élire un mambour. Le choix tomba sur Henry de Perwes, et Thiéry son fils fut proclamé évêque, malgré les oppositions du clergé. Le tribunal de l'évêque fut aboli : c'étoit le jugement de paix. Le chapitre ayant refusé de confirmer la proclamation de Thiéry, on déclara ennemis de l'Etat, tous ceux qui, dans le jour même, ne s'uniroient pas à la cité. Le chapitre prit le chemin de Saint Trond : on saisit les biens des fugitifs, et Thiéry donna leurs prébendes à ses créatures, qui confirmèrent son élection.

Le nouvel élu s'adressa à celui des deux papes contre lequel s'étoit déclaré Jean de Bavière, et il en obtint des bulles de ratification.

Cependant la guerre s'allumoit. Jean avoit déjà mis le feu à quelques villages : le mambour marcha contre Saint Trond, et s'en rendit maître. Les chanoines de Saint Lambert se retirèrent à Louvain. Henry, poursuivant ses conquêtes, s'empara du château de Bouillon : son fils, muni des bulles du pape qui déclaroient l'élection de Jean de Bavière illégitime, ordonna à tout le clergé de se rendre au palais, pour venir reprendre le saint crême, et il le força de condescendre à ses volontés.

Il lui manquoit un diplome de l'empereur ; il l'obtint, manda sur-le-champ les échevins pour en entendre la lecture, et sur leur refus, les chassa de la ville. Dans une assemblée des Etats, on résolut de nommer de nouveaux échevins, et de confisquer les biens des opposans. La noblesse prit le parti de la retraite. Les bourguemestres, avec une nombreuse escorte, allèrent brûler les fermes des chanoines, des

AN DE J. C. 1407.

échevins et de leurs adhérens. Tous ceux qui avoient quitté la ville furent bannis : on vit même couler le sang de plusieurs nobles, qui gardoient une fidélité constante à leur prince. L'exemple des seigneurs d'Horion, décapités sous les yeux de Perwes, effraya tous les bons citoyens : la plupart désertèrent la ville, qui devint un théâtre de licence et de fureurs. Les factieux, irrités de leur fuite, mirent à prix la tête de tous les transfuges. On manquoit d'argent; il falloit des subsides : on força les chanoines de fournir la moitié de leurs revenus, et d'entretenir chacun deux cavaliers à leurs frais.

1408. Jean de Bavière s'étoit renfermé dans Maëstricht, avec les troupes de ses alliés. Les Perwes y mirent le siége, à la tête de 40,000 Liégeois : la rigueur de l'hiver les obligea de le lever : ils le reprirent au printemps. Jean, qui se trouvoit en Hollande, accourut, et se jeta dans la place, à la vue des assiégeans. Le comte de Hainaut, frère du prince, fit une diversion : il attaqua la ville de Fosse, qu'il prit d'emblée.

Le duc de Bourgogne, célèbre par les troubles qu'il causa dans la France, et par ses démêlés avec le duc d'Orléans, venoit de le faire assassiner dans Paris. Il étoit parvenu à se justifier de son crime, aux yeux d'un peuple dont il étoit l'idole ; mais craignant d'être enveloppé par les forces réunies des princes d'Orléans, il trouva dans le besoin que Jean de Bavière avoit de ses secours, un prétexte honnête pour s'éloigner de Paris.

AN DE J. C. 1408.

Dans l'état de démence où étoit Charles VI, la reine avoit pris le gouvernement du royaume. Voyant Jean de Bavière sur le point d'être accablé par les Liégeois, elle crut pouvoir agir avec vigueur, et fit dire au duc de Bourgogne que l'intention du roi étoit que les débats des Liégeois fussent remis au jugement du conseil de sa majesté, et que lui-même eût à se défendre des poursuites qui se formoient contre lui. Le duc répondit qu'il s'acquittoit d'un devoir de parent et d'allié, en portant ses secours à Jean de Bavière, et que les différends de ce prince avec ses sujets ne regardoient point le roi ; que pour lui, il iroit incessamment à Paris, se défendre contre ses accusateurs; et il poursuivit sa route.

A la nouvelle de son approche, les Liégeois lèvent le siége de Maëstricht, et marchent contre lui. Henry de Salm portoit l'étendard de Saint Lambert : les Albalêtriers étoient au front, les Perwes au centre. Les deux armées formoient plus de soixante mille hommes; mais celle des princes étoit composée des meilleures troupes de Bourgogne, de Flandres, d'Artois et de

AN DE J. C. 1408.

Hainaut. La bataille se livra dans la plaine d'Othée, près de Tongres. Les deux évêques y firent des prodiges de valeur, et Perwes y perdit la vie. Le duc de Bourgogne remporta une victoire complète : cette journée lui valut le surnom de Jean Sans-Peur, et à l'évêque celui de Jean Sans-Pitié, parce que ce prince fit massacrer tous les prisonniers, et voulut assister lui-même au supplice des chefs de la révolte. Les Liégeois s'étoient battus avec la fureur qu'inspire l'amour de la liberté, et leur courage balança longtemps le succès. Mais, que pouvoit une multitude indisciplinée, contre des troupes aguerries? Ils laissèrent sur le champ de bataille près de vingt-cinq mille hommes. On présenta à Jean la tête du mambour, qu'il envoya à Maëstricht. Liége subit la loi du vainqueur: tout le peuple sortit de la ville, se mit à genoux devant l'armée des princes rangée en bataille, et implora son pardon. Cent-vingt factieux furent décapités sur-le-champ. Pendant cette cruelle exécution, le maréchal de l'évêque entroit dans la ville, et faisoit jeter dans la Meuse le légat du pape Benoît, qu'il accompagna d'une foule d'obscures victimes. On ne voyoit au environs de Liége, dit Mezerai, que des forêts de roues et de gibets, et la Meuse étoit couverte de cadavres. De-là cette haine immortelle des Liégeois contre la maison de Bourgogne ; mais leurs maux n'étoient pas finis. Ils venoient de livrer pour ôtages une partie de leurs citoyens : une dernière sentence porta qu'ils remettroient aux princes toutes les chartres de leurs lois et de leurs priviléges ; qu'il seroit au pouvoir des princes de rétablir quelques-unes de ces lois, ou d'en faire d'autres, et qu'à l'avenir l'évêque ne pourroit en publier de nouvelles sans leur consentement ou celui de leurs successeurs ; que le peuple ne choisiroit plus son magistrat ; que les mayeurs, les prévôts, les échevins, seroient nommés par l'évêque ; qu'il n'y auroit plus de de colléges des métiers ; que leurs bannières seroient brûlées ; que Liége et les autres villes de la république ne pourroient plus faire de ligue entr'elles, sans le consentement de l'évêque, ou *du chapitre dans la vacance du siége ;* que le prince ni les Etats ne pourroient faire la guerre au roi de France et au duc de Bourgogne, si ce n'étoit pour leur propre défense, ou celle de l'empereur ; que la monnoie de ces princes auroit cours dans le pays de Liége ; que les fortifications des villes rebelles seroient démolies, et que le peuple payeroit deux cent mille écus d'or pour les frais de la guerre.

En exécution de cette terrible sentence, tous

AN DE
1409.
les titres de la république furer. transportés à Mons.

Pour payer la contribution qui étoit exorbitante pour ce petit Etat, il fallut remettre l'impôt de fermeté. Il parvint enfin à la payer, et les ôtages furent rendus. Jean de Bavière entra dans Liége, et n'y trouva qu'un peuple consterné. Il cassa les métiers, fit brûler leurs drapeaux, et priva les bourgeois de tous leurs priviléges. Le chapitre, qu'il assembla, pour lui faire ratifier la sentence des princes, remontra que cette sentence sapoit tous les droits de son église, et il obtint une modération en leur faveur. Il y eut aussi quelques tempéramens à la loi. On rendit au peuple une partie de ses chartres, et comme il étoit sans magistrat, on créa des décemvirs, avec le titre de conseillers suprêmes.

Tel fut l'événement de cette cruelle guerre, qui laissa la république dans un épuisement dont elle fut longtemps à se remettre. Je suis loin d'excuser les Liégeois, ni l'esprit séditieux qu'ils respiroient depuis l'époque de leur liberté. Jean de Bavière, jusqu'au moment de la bataille, leur offrit plusieurs fois la paix : il ne demandoit que le sacrifice des Perwes. Leur réponse est le comble de l'outrage : ils lui envoyèrent de la bouze de bœuf dans une écorce d'arbre. Mais ce qui fait oublier la justice de la cause, c'est l'abus horrible que l'évêque fit de sa victoire. Monstrelet, écrivain contemporain, dit qu'ayant reçu à discrétion la garnison d'un château, il fit pendre tous les soldats par un prêtre qui servit de bourreau, et qui, après l'exécution, fut pendu lui-même.

On vit arriver à Liége ce qui arrive à toute république déchirée par des factions, et qui finit par recevoir un maître. Après sa violente secousse, l'Etat tomba tout-à-coup dans le gouvernement arbitraire. « C'est qu'alors, dit M. » de Montesquieu, le prince se trouve avoir » toute la puissance du peuple qui n'avoit pu se » limiter lui-même (1) ».

Jean de Bavière étoit conséquent à ses principes. S'il avoit eu dessein de séculariser sa principauté, comme on le craignoit, qui l'empêchoit de le faire après sa victoire, et dans un temps où la maison de Bourgogne l'appuyoit de toutes les forces réunies de la Flandre, de l'Artois, du Hainaut et de la Hollande? Il vouloit rendre son autorité absolue; et ce fut le plan qu'il exécuta, en ôtant au peuple ses élections, en abolissant le magistrat, en cassant les mé-

---

(1) Grandeur et décad. des Romains, ch. 15.

tiers, en se réservant la collation de tous les emplois.

La haine publique n'étoit pas éteinte par la paix. Une conspiration tramée contre lui alloit éclater : les conjurés devoient dans une nuit l'égorger, lui et tous ses ministres. Leur complot fut découvert, et le prince n'en devint que plus sévère.

Le seul changement qu'il fit au gouvernement, fut d'augmenter de trois conseillers le nombre des décemvirs : l'élection d'une partie des treize fut abandonnée au chapitre qu'il avoit rappelé, et aux échevins qui avoient repris leurs fonctions. Il divisa le peuple en douze compagnies, défendit de les armer sans son ordre, et ajouta d'autres réglemens qui achevèrent de révolter les esprits.

Le concile de Constance avoit déposé le pape Jean XXIII : son concurrent Grégoire avoit abdiqué : il ne restoit que Benoît. Sigismond, pour hâter la paix de l'église, crut devoir réconcilier les rois de France et d'Angleterre. Il alla chez eux ; mais n'ayant pu réussir dans sa négociation, il reprit le chemin de Constance, et passa par les Pays-Bas. Il s'arrêta quelques jours à Liége, et le peuple lui demanda à grands cris l'exécution du mandement qui le rétablissoit dans ses priviléges : on lui présenta la sentence des princes alliés. Sigismond trouva mauvais qu'ils se fussent attribué un pouvoir qui n'appartenoit qu'à la majesté impériale, oubliant qu'ils avoient usé du droit de la guerre. Il annula leur sentence ; il ordonna que les forteresses fussent rétablies, et que l'Etat rentrât dans tous ses droits. Jean de Bavière empêcha l'exécution du décret.

Le comte de Hainaut mourut, laissant une fille héritière de ce comté et de celui de Hollande. Jean de Bavière quitta Liége, sous prétexte d'aller affermir l'héritage de sa nièce; mais dans le dessein d'envahir ces provinces. Avant son voyage, il prêta l'oreille aux offres que les Etats lui firent d'une somme considérable, s'il leur rendoit leur ancien gouvernement. Les bourguemestres reparurent sous le nom de régens : les chartres furent rapportées de Mons. Dès que Jean eut été nommé tuteur de sa nièce, il obtint du pape, Martin V, une dispense pour se marier, et de l'empereur Sigismond, l'investiture du comté de Hollande; il se démit alors de son évêché, et il épousa la nièce de Sigismond. Liége en tressaillit de joie. Le chapitre s'assembla avec les Etats, et le comte de la Marck fut proclamé mambour dans l'interrègne. Jean de Bavière ne survécut que six ans sa démission. Le pape donna son évêché à Valenrode.

VALENRODE, 80.ᵉ Év.ᵉ

A un gouvernement orageux et despotique succéda le gouvernement le plus doux, le plus tranquille. Les lois refleurirent, le magistrat fut rétabli; mais Valenrode n'occupa le siége qu'un an.

Comme il étoit mort chargé de dettes, on vendit ses meubles, et ses bijoux. La somme ne monta pas à deux mille florins. Le marquis de Bade son parent fut si choqué de ce procédé, qu'il cita les Liégeois devant l'empereur : leurs députés se présentèrent et ne purent avoir audience. Ils furent renvoyés au conseil aulique, qu'ils avoient ordre d'éviter : ils retournèrent sur leurs pas, et Liége fut mise au banc de l'empire. Elle eut recours au pape, Martin V, qui cita le marquis de Bade à Rome, le condamna par contumace, et annula la sentence impériale.

JEAN HINSBERG, 81.ᵉ Év.ᵉ

Hinsberg, successeur de Valenrode, signala son avénement par quelques actes de rigueur. Il cita au jugement de paix les bourgeois de Dinant qui avoient excité une émeute, fit saisir et décapiter les chefs de la révolte.

Il consentit à rétablir le tribunal des vingt-deux (1), et fit un nouveau réglement pour l'élection du magistrat (2).

Ce dernier réglement contient soixante-sept articles, et un supplément de trente-deux autres. Jean de Bavière ayant ôté au peuple ses priviléges, ils avoient été rétablis par le diplome de l'empereur Sigismond. Hinsberg voulant remédier aux désordres qui arrivoient dans les élections, à cause de la multitude du peuple, fit ce réglement qui a duré jusqu'en 1468, temps où Liége fut prise par Charles le Hardi.

Il créa vingt-deux commissaires de quartiers : il en nomma six ; les autres furent élus par les paroisses. Ces commissaires chargés de veiller sur les métiers, de recevoir les plaintes des bourgeois, de s'occuper de la sûreté publique, eurent aussi le soin de l'élection magistrale. Au jour marqué, tous les citoyens se rangeoient sur leurs métiers; les commissaires tiroient hors des trente-deux métiers un homme

---

(1) Paix 5.e, ou ratification des paix des vingt-deux. Recueil des édits, tom. 2, chap. 18.
(2) Recueil des édits, tom. 1, chap. 2.

AN DE
J. C.
1424.

de probité reconnue. Ces trente-deux étoient nommés électeurs et choisissoient les bourguemestres par accord, ou à la pluralité des voix.

Il y eut d'autres ordonnances publiées pour la police (1), pour les franchises des maisons de la cité, et pour la réformation des abus qui s'étoient glissés dans les cours ecclésiastiques.

Vathieu d'Athin avoit acheté de l'évêque la charge de grand-mayeur. Fier de son crédit et de l'empire qu'il avoit sur le peuple, il exerçoit dans l'État une domination despotique. Son fils, chanoine de Saint Lambert, eut avec le chapitre un différend, dans lequel il se crut insulté. Vathieu défendit l'eau et le feu au chapitre et fit cesser tous les métiers. Les chanoines, après avoir employé toutes les voies de conciliation, furent réduits à se plaindre au pape, qui leur permit de citer Vathieu. Il ne se trouva point d'huissier qui osât prendre cette commission ; il fallut qu'ils se rendissent eux-mêmes en corps au lieu de sa demeure ; mais il étoit absent et l'affaire n'eut point de suite.

1427. On venoit de tenir à Francfort une diète générale de l'empire, dans laquelle on étoit convenu de lever sur tout le clergé le vingtième denier, pour exterminer de la Bohême la secte

---

(1) Elles font partie du même Réglement.

des Hussites. Cette secte, accrue par les persé- AN DE
cutions, avoit eu pour chef le malheureux Jean J. C.
Huss, accusé des erreurs de Viclef, et cité au 1427.
concile de Constance, pour y justifier sa doctrine. Il s'y étoit rendu sous le sauf-conduit de
l'empereur, avoit été arrêté, condamné et brûlé
par les ordres même de ce prince, dont il avoit
la foi. Les Bohémiens, conduits par Zisca, s'étoient armés pour venger sa mort, et comptoient déjà plusieurs victoires. Zisca s'étoit emparé de la Bohême. Sigismond, pendant seize
ans qu'il combattit pour les détruire, fit couler le sang de plus de 200,000 hommes, mais
il ne lava point sa perfidie. Liége, à qui le légat fit part de la résolution de la diète, s'offrit à
payer les contributions, quand elle verroit les
troupes en marche contre les Hussites : le légat
mécontent retourna sur ses pas.

Les habitans de Dinant font bâtir une tour : 1429.
Philippe, duc de Bourgogne, les fait souvenir
de la loi qui leur a été imposée, de ne construire aucune forteresse. Ils répondent que les
auteurs de cette loi n'avoient aucune autorité
dans l'empire, et que Sigismond l'avoit annulée. Cette affaire fut suspendue par l'éloignement du duc qui, plein de ses ressentimens contre la France, et brûlant de venger la mort de

son père, alla joindre les Anglais occupés au siége d'Orléans. Ce fut à ce siége que parut pour la première fois Jeanne d'Arc. Charles VII, informé de la querelle des Liégeois avec le duc de Bourgogne, envoya un agent à Liége, pour animer les esprits contre un voisin dangereux, qui offroit une occasion favorable de l'attaquer pendant qu'il étoit embarrassé avec la France. Hinsberg penchoit pour la paix; mais le parti de Charles l'emporta, et la guerre fut résolue.

Jeanne avoit fait lever aux Anglais le siége d'Orléans, les avoit défaits à la journée de Patai, avoit fait traverser au roi près de quatre-vingts lieues de pays, occupées par l'ennemi et l'avoit conduit en triomphe à Rheims, où elle le fit sacrer. Ces événemens étoient l'ouvrage de quelques mois. Les Liégeois, de leur côté, se mirent en campagne. prirent à Philippe le château de Beaufort, et s'approchèrent de Namur. Pendant ces premières hostilités, l'évêque envoie des députés au duc, qui formoit alors le siége de Compiègne, fameux par la prise de la Pucelle. Philippe les congédie sans réponse et fait marcher des troupes vers Namur. Elles brûlent Meffe, Fosse, Florine, et quelques villages. L'évêque prend Golsun, à trois lieues de Namur, rase le fort de Poilevache, et fait du dégât dans les campagnes voisines : on brûla dans cette guerre plus de trois cents villages.

La paix se fit à des conditions fort onéreuses pour les Liégeois : le peuple en fut si indigné, qu'à la première élection du magistrat, il courut par la ville, criant que les bourguemestres avoient trahi la patrie. Hinsberg effrayé du tumulte se sauva dans la maison de ville, où les bourguemestres s'étoient déjà réfugiés. Le peuple demandoit qu'on les jetât par les fenêtres. Guillaume d'Athin élevant sa voix du milieu de cette multitude, dit que le peuple vouloit être rétabli dans son ancien droit à l'élection de ses maîtres. Le magistrat opposoit le serment qu'il avoit fait d'observer le réglement d'Hinsberg. Guillaume répondit que les Liégeois étoient un peuple libre, qui avoit la puissance de faire et d'abroger les lois. Il fallut céder. La nouvelle élection fut faite par les métiers en corps, et Guillaume fut élu. Vathieu, son frère, qui avoit été banni et déclaré ennemi de la patrie, fit de vains efforts pour rentrer en grace. Les métiers avoient juré de ne jamais consentir à son retour. Victime de l'inconstance du peuple, dont il avoit été l'idole, il alla mourir en exil. Son fils, enveloppé dans sa disgrace, avoit été à Bâle supplier les pères du concile

AN DE J. C. 1431.
de solliciter le rétablissement de sa famille. A son retour, il fut saisi par la populace, et coupé en morceaux. L'évêque frappa la ville d'un interdit général ; mais elle en appela au Saint Siége.

Morialmé proscrit depuis quelques années, ayant reparu dans Liége, avec un sauf-conduit de Hinsberg, et sans la participation du magistrat, est arrêté et mis à mort.

1437. Charles VII fait avec Hinsberg et ses Etats un traité d'alliance, qui donne aux deux nations la liberté de commercer ensemble. C'est le premier traité qui se soit fait entr'elles.

1439. L'abbé du monastère de Saint Laurent est nommé par le pape conservateur des libertés du clergé secondaire.

1444. Hinsberg entreprend le voyage de la Terre Sainte, et donne la régence des Etats au comte de Blankeneim : mais craignant de tomber entre les mains des infidèles, il revient sur ses pas. Comme il se disposoit à passer en Angleterre, il est averti d'une conspiration qui se tramoit contre lui et rentre dans Liége.

1445. Enfin dégoûté des affaires, effrayé des inimitiés qu'il s'étoit attirées par ses rigueurs, emporté vers les plaisirs et le repos, il songe à se donner un successeur. Une nouvelle émeute l'y détermine. Il mande le peuple au palais, et les clameurs l'empêchant de se faire entendre, il se contenta de crier qu'on pouvoit faire ce qu'on voudroit. Il sortit de Liége, se rendit à la Haie auprès du duc de Bourgogne, qui l'en avoit prié, et résigna son évêché à Louis de Bourbon, neveu de ce prince. Mais quelque précaution qu'ils prissent pour tenir la résignation secrète, jusqu'à l'arrivée des bulles du pape, le bruit s'en répandit à Liége, et y causa une consternation générale. On détestoit la maison de Bourgogne, et cette haine rejaillit sur Hinsberg. Le chapitre fit défense de le reconnoître pour évêque, et déposa ses officiers. Hinsberg, à son retour, se présenta suivi d'un nombreux cortége et dans l'appareil de la principauté. Le grand mayeur portoit devant lui la verge de justice : le prélat se plaignit avec hauteur de ce qu'on vouloit le dépouiller de ses droits. L'écolâtre répondit que son abdication avoit été notifiée juridiquement au chapitre, et se tournant vers le grand mayeur, il lui ordonna de baisser sa baguette : l'officier obéit. Hinsberg, après cette vaine parade, sortit de la ville, et n'y rentra plus.

AN DE
J. C.
1455.

Cet évêque avoit assisté comme un des ministres du duc de Bourgogne, au célèbre traité d'Arras, où le prince, arbitre entre la France et l'Angleterre, conclut enfin la paix. Ce traité

AN DE J. C. 1455.

décida du sort de la guerre avec les Anglais, qui achevèrent de perdre le peu de possessions qui leur restoient en France, et il causa la mort d'Isabelle de Bavière, cette mère dénaturée de Charles VII, qui avoit livré l'État aux Anglais, et qui emporta dans le tombeau le mépris de son siècle. Parmi les plénipotentaires du roi, on comptoit le duc de Bourbon, père de l'aïeule de François I er., et de Louis dont je vais parler.

1456. **LOUIS DE BOURBON, 82.e Ev.e**

CE prince n'avoit que dix-neuf ans quand il fut fait évêque. Un bref de Caliste III lui donna l'administration de son église et de ses revenus. Le chapitre étoit déjà mortifié d'avoir perdu son droit de suffrage, par la résignation qu'Hinsberg avoit faite de l'évêché en faveur de Bourbon; et il trouva mauvais que le pape eût disposé du temporel dans une minorité. On proposa d'élire un mambour; mais l'ancienne querelle se réveilla. Les bourguemestres vouloient qu'il fût élu par les états; le chapitre en réclamoit le droit: les échevins décidèrent encore en faveur des Etats. Au milieu de ces débats Bourbon arrive: on étoit prévenu contre lui, et il étoit haï avant d'être connu. Ce préjugé funeste qu'il trouva établi ne lui fit pas aimer un peuple qui, dès le premier moment, lui avoit marqué ses mauvais desseins. Il mit quelques monastères à contribution, et voulut toucher au taux des monnoies. On lui en fit un crime. Les bourguemestres saisirent l'instant de son absence pour rendre une ordonnance contre l'usure, s'emparèrent des confiscations, et défendirent la sortie des grains. Ils firent encore d'autres entreprises qui donnoient ouvertement atteinte à l'autorité du prince. Ainsi se préparoit l'orage qui devoit fondre sur l'Etat de Liége.

Louis, dauphin de France, qui régna depuis sous le nom de Louis XI, accusé d'une conspiration contre son père, découverte aussitôt que formée, s'étoit éloigné de la cour, et avoit porté dans le Dauphiné son humeur sombre, son esprit d'intrigue et son goût pour l'indépendance. Charles VII l'ayant inutilement rappelé auprès de lui, fit saisir le Dauphiné. Louis se sauva auprès du duc de Bourgogne, son oncle, qui l'accueillit avec les plus grands honneurs, lui assigna une pension de six mille livres par mois, et lui donna pour sa demeure Jeneppe, petite ville à quelques lieues de Bruxelles. Louis vécut six ans chez le duc, dévorant le dégoût et les désagrémens de sa position, jusqu'à l'instant où

AN DE J. C. 1457.

la mort de Charles lui ouvrit le chemin du trône.

Cependant Liége n'étoit point tranquille. Bourbon, choqué des attentats commis par le magistrat, fit savoir aux bourguemestres régens qu'il vouloit s'en expliquer. On tint des conférences : on dressa des articles de paix ; mais quand on les lut devant le peuple, il s'éleva des clameurs du milieu de la foule. Le traité fut rejeté : le peuple crioit qu'on vouloit saper ses priviléges ; il y eut une émeute, et sur un propos outrageant lâché contre ce prince, par un des plus ardens factieux, il fut arrêté et livré entre les mains du bailli de la Hesbaie, qui le fit couper en pièces par le bourreau. Ce supplice irrita tous les esprits.

Le chapitre entreprit d'accorder les droits respectifs de l'évêque et de ses Etats. Il manda les bourguemestres et le conseil de ville ; leur représenta que les priviléges des sujets avoient leurs bornes, comme l'autorité du prince avoit les siennes ; que le souverain étant l'ame et le chef du corps politique, c'étoit au peuple qu'appartenoit la soumission. Le peuple, qui ne se rend pas toujours à ces raisons, parut se plier aux circonstances : la paix se fit ; mais elle ne fut pas sincère.

On vit s'élever de nouveaux troubles pour une ordonnance des bourguemestres, qui excluoit du conseil du prince les aspirans à la magistrature. Bourbon se crut offensé : il fit fermer le tribunal des échevins. Le peuple eut recours au duc de Bourgogne, qui interposa ses offices. L'évêque assembla les Etats de la province : le chapitre et la noblesse dressèrent des articles qui furent rejetés par l'état tiers ; enfin, on s'accorda. Le grand mayeur reprit ses fonctions, et le siége de la justice fut rétabli. Durant cette suspension, les bourguemestres s'étoient saisis de la connoissance de toutes les causes civiles.

AN DE J. C. 1457.

Charles VII, qui vivoit encore, reçut dans ce temps une députation des Etats, l'accueillit avec bonté, fit expédier aux Liégeois des lettres de sauve-garde et de protection, les exempta dans son royaume du droit d'aubaine, et les exhorta d'entretenir leur ancienne alliance avec sa couronne.

1459.

Ce monarque étant mort, Bourbon se rendit à Rheims pour assister au sacre de Louis XI. Son éloignement acheva de calmer les esprits; mais ils eurent bientôt de nouvelles alarmes. L'évêque leur écrivit d'envoyer promptement des députés au roi ; qu'il se plaignoit de ce que, dans le temps de sa retraite à Jeneppe, les Liégeois avoient voulu le livrer à son père, et que

1461.

AN DE les troupes de France étoient déjà aux portes de
J. C. Mouzon.
1461.

Les députés se rendirent à la cour et furent bien reçus. Ils mirent la ville sous la protection de Louis. Cette soumission fut approuvée par les Etats, mais désavouée par le chapitre. Louis, qui méditoit la guerre contre le duc de Bourgogne, et qui vouloit s'attacher le pays de Liége, fit les plus belles promesses aux députés et les renvoya comblés d'honneurs.

Bourbon, sollicité de prendre les ordres, se refusoit à toutes les instances. Le peuple craignoit qu'il n'eût dessein d'établir une régence séculière. Ce prince, fatigué des remontrances, réveilla, pour les éluder, l'ancien débat sur les attentats commis contre son autorité. Il menaça de mettre la ville en interdit, s'il n'en avoit satisfaction. Son chancelier fut chargé du décret comminatoire, et il n'eut que le temps de sortir de la ville. On se ligua avec le comte de Looz : on interjetta appel du décret au métropolitain de Cologne. Son official suspendit l'interdit qu'on avoit porté : les procureurs de l'évêque en appelèrent au Saint Siége. Le chancelier ayant osé paroître à Liége, n'eut que le temps de s'évader. Le peuple courut aux armes, déploya les bannières des métiers, les planta dans le marché et fit proclamer au perron les noms des ennemis de la république. Ils furent tous bannis : on leur interdit l'eau et le feu.

On tenoit cependant des conférences à Maëstricht, en présence du duc de Bourgogne. L'évêque s'y trouva : les bourguemestres et quelques membres des Etats y parurent au nom de la cité. Bourbon exigeoit qu'on rappelât les proscrits et qu'on lui donnât cent mille florins en dédommagement de ses pertes. Cette proposition, portée aux Etats par l'évêque de Tournai, n'excita que les huées du peuple. Enfin, sur les représentations du magistrat, on consentit de satisfaire l'élu; mais à condition qu'il résideroit à Liége. Bourbon choqué que son peuple osât marchander avec lui, fit convoquer les Etats. L'évêque de Tournai, qui portoit pour lui la parole, demanda quelle somme on donneroit au prince. On répondit que s'il rendoit la paix à la république et qu'il vînt résider dans sa capitale, on sauroit en user généreusement. L'évêque de Tournai répliqua fièrement : « Nous sommes venus vous demander; mais un »jour vous viendrez nous prier »; et il alla rejoindre le prince à Maëstricht. Les bourguemestres se rendirent au chapitre et demandèrent qu'on se décidât pour la paix ou pour la guerre. On envoya des députés à Bourbon qui vint à Liége. On s'attendoit à voir publier la

AN DE J. C. 1462.

paix, quand il obtint du Saint Siége la confirmation de l'interdit qu'il avoit lancé sur la ville. Alors il ne garda plus de mesures, annula les articles dressés, révoqua le décret de bannissement porté par le peuple, rappela les proscrits et partit pour Maëstricht où il manda tous les tribunaux. On trouva, sur un autel de la cathédrale, les lettres qui confirmoient l'interdit. On consulta l'université de Cologne qui ne fit point de réponse. Le peuple consterné songeoit à se soumettre. On tint une troisième conférence à Maëstricht en présence de l'envoyé de France, qui avoit ménagé cette entrevue. Le duc de Bourgogne y avoit ses députés. Comme la paix étoit prête à se conclure, Bourbon, pour quelque nouveau débat, rompit l'assemblée, emmena à Bruxelles l'envoyé de France, et fit savoir ses dernières volontés aux Etats. On demanda au prince une assemblée : il la refusa : elle eut lieu malgré son refus. Dans cette journée, les Etats firent une ligue pour se préparer à soutenir la guerre.

1463. Le légat venoit d'engager Bourbon à lever l'interdit. Le prince parut à Liége et n'y reçut qu'un accueil glacé. Il alla au chapitre, se plaignit que ses chanoines, sous prétexte de sauver des priviléges auxquels ils ne donnoient de bornes que celles du caprice et de la passion, attentoient chaque jour à sa puissance, et il ajouta qu'il sauroit la rétablir. Il sortit sur-le-champ de la ville. Le bruit courut qu'il ne vouloit pas entendre parler de paix, et le peuple décida qu'il falloit songer à se défendre. Chaque métier se cotisa. Les villes de Tongres, de Saint-Trond et de Looz levèrent une somme. Le légat sortit de la ville, y remit l'interdit et porta à Rome les pièces du procès.

Un délire de liberté avoit saisi toutes les têtes. On proposa de nommer un mambour: le chapitre et la noblesse s'y opposoient. Les bourguemestres insistèrent et leur opinion prévalut. Ils élurent le marquis de Bade qui avoit été prévenu de ce projet et qui se hâta de paroître à Liége. Il y fut reçu avec des transports de joie. Le chapitre refusa de le reconnoitre, disant qu'il ne pouvoit se déclarer sans un bref du pape. On n'insista point et on alla en avant sans s'arrêter à son refus. Le nouveau mambour, à son avènement, jura de maintenir les priviléges de la cité, de ne point aliéner la mense épiscopale, de ne point tenir de congrès hors de la province, de n'interrompre jamais le cours de la justice, permettant à l'avoué de la rendre, au cas qu'il violât son serment, et les bourguemestres jurèrent d'exposer leur vie pour le défendre.

Bade fut reconnu par les autres membres de

AN DE J. C. l'Etat et par le clergé qui fut enfin obligé de céder.

1465. Les députés de Louis XI firent avec eux une ligue secrète contre le duc de Bourgogne et Louis de Bourbon. Le roi s'engageoit à soudoyer deux cents lances et à faire confirmer le régent par le pape. Il promettoit d'envoyer des troupes dans le Hainaut, pour harceler le duc, tandis que les Liégeois fondroient sur le Brabant, et de ne faire la paix que de concert avec ses alliés. Le duc de Bourgogne fit demander les articles de ce traité aux Etats qui les refusèrent.

L'interdit n'étoit point levé : le clergé vouloit attendre et suivre la décision du Saint Siége. Les bourguemestres firent arrêter le doyen de Saint Pierre : on força le clergé de faire son service : on poursuivit quelques chanoines dans leur fuite et l'on saisit leurs biens. Le magistrat établit des cours ecclésiastiques et civiles : un théologien dressa des lois et l'on écrivit à Rome en faveur du mambour.

Les Hutois, qui avoient donné un asyle à Bourbon, s'en repentirent, et lui firent demander les clefs du château par leurs bourguemestres. Bourbon, voyant les séditieux s'atrouper, sortit de la ville et se rendit à Bruxelles. Huy se joignit à la ligue. Dans ce moment Bade arriroit d'Allemagne avec un renfort de troupes; les députés de Liége rapportoient la ratification du traité fait avec la France, et l'envoyé du roi pressoit les Etats de prendre les armes.

AN DE J. C. 1465.

Les troupes bourguignones, conduites par le comte de Charolois s'étoient ava· ̄ ̄ vers l'île de France où elles devoient ̄ ̄ joindre à celles du duc de Bretagne. La maison de Bourgogne, parvenue au faîte de sa grandeur n'avoit plus qu'à déchoir, et elle faisoit alors le premier pas vers sa ruine.

Louis, dans le dessein d'empêcher la réunion des confédérés, marcha contre les Bourguignons. Les armées se trouvèrent en présence près de Montlhéri. Celle du comte de Charolois étoit de 26,000 hommes. Telle étoit la puissance de Philippe de Bourgogne, qui réunissoit au duché de ce nom, ceux de Brabant, de Luxembourg, de Limbourg et de Lotrich, les comtés de Flandres d'Artois de Hainaut, de Hollande, de Zélande et de Namur, et qui disoit fièrement à Louis, qu'il auroit été roi s'il avoit voulu l'être.

Les deux armées ne perdirent que trois mille hommes; mais le champ resta aux Bourguignons, et ils allèrent mettre le siége devant Paris.

Les Liégeois, voyant le comte de Charolois

AN DE J. C. 1465.

occupé dans le cœur de la France, se mirent en campagne. Un héraut fut chargé d'aller défier le duc de Bourgogne à feu et à sang (c'étoit la formule) : le prince renvoya leurs lettres à son fils, disant que, pour lui, il n'avoit point d'ennemis à combattre. Sans attendre sa réponse, les métiers déployèrent leurs drapeaux, entrèrent dans le Brabant, et allèrent mettre le siége devant Faucoumont. Le marquis de Bade, qui les conduisoit, et qui avoit paru n'être que l'instrument de leur haine contre Bourbon, abandonna cette multitude indisciplinée dont il ne pouvoit se faire obéir. Les Liégeois, étourdis de sa retraite, levèrent le siége. Le duc de Bourgogne avoit envoyé des troupes dans le pays de Liége : elles brulèrent Meffe. Les Hutois, par représailles, portèrent le feu jusqu'aux portes de Namur. Bourbon fit ravager, par un détachement de cavalerie, les environs de Tongres et de Maseyck. Tandis que les Liégeois étoient devant Limbourg, ils perdirent 2000 hommes dans une action qu'ils eurent avec le comte de Nasseau à Montenac.

Sur un faux bruit (1) qui courut alors, de la défaite des Bourguignons en France, les Dinantois se livrèrent à une joie insultante. Ils n'étoient

---

(1) Philipe de Comines, to. 1.

séparés, que par la Meuse, de la petite ville de Bouvines qui fait partie du Brabant. Malgré les fréquens mariages qui se faisoient d'une ville à l'autre, les habitans se détestoient mutuellement. Les Dinantois pendirent aux portes de Bouvines, une effigie du comte de Charolois, et ils crioient au peuple : « Voilà le fils de votre »duc, le faux traître comte de Charolois, bâ-»tard d'un évêque de Liége (1), que le roi de »France a fait ou fera pendre ». Le comte frémit d'apprendre ces outrages, et dévorant dans son cœur la passion de la vengeance, il se hâta de traiter avec le roi. On convint d'une trève, pendant laquelle il y eut des négociations : mais les demandes des princes étoient excessives. Le roi, pressé de tous côtés, crut pouvoir pallier les maux de l'Etat, par une paix simulée. Il accorda tout, se promettant de ne rien tenir. Ainsi fut terminée cette guerre du bien public, dont l'événement ne fit aucun bien au peuple. On fit à Conflans un traité, où les ligués obtinrent pour eux le démembrement de presque toutes les provinces de la France, où les grands butinèrent le monarque et le mirent au pillage. Louis déposa au parlement une protestation

---

(1) Hinsberg.

AN DE contre cette paix honteuse ; vain subterfuge
J. C. dont il n'avoit pas besoin.
1465.
Philippe de Comines observe que plus le roi et le comte se prodiguoient de caresses, plus ils se défioient l'un de l'autre. Dans une entrevue qu'ils eurent, Louis proposa d'abandonner les Liégeois, si le comte vouloit se détacher du duc de Bretagne ; cette offre odieuse n'eut point d'effet.

1466. Les Liégeois, négligés par le roi qui ne songeoit qu'à lui, parlèrent de faire une trève avec Philippe. Tandis qu'on se débattoit sur quelques articles, le clergé conclut sa paix avec Bourbon. Ce prince et le comte de Charolois se présentèrent devant Saint Trond, qui leur ouvrit ses portes : l'approche du comte alarmoit la cité, qui demandoit à hauts cris un accommodement. Raës et Baré étoient à la tête de la faction contraire, et ils eurent le crédit de faire arrêter un ancien bourguemestre, regardé comme l'ame de la négociation. Ce personnage vénérable, par cinquante ans de service, fut immolé au fanatisme de la liberté : sa mort parut accélérer la paix. Les Etats ordonnèrent aux factieux de sortir de la ville. Dans les conditions du traité qui se fit, le duc Philippe demandoit des ôtages. Les métiers lui envoyèrent des députés, pour obtenir la modération de cet article. Il permit de racheter les ôtages; alors on ne balança plus de signer la paix, et la milice liégeoise fut licenciée.

AN DE J. C. 1466.

Bourbon, de retour à Huy, assembla les Etats pour concerter les moyens d'éloigner les factieux. Ils avoient pillé Saint Trond, et s'étoient répandus dans la Hesbaie. Comme il s'occupoit de cet objet, la trève expire; il reçoit une bulle qui lui donnoit sur le pays une juridiction indépendante des Etats. Il la fait publier. Elle soulève le peuple, qui forme une nouvelle ligue. On presse le marquis de Bade de reprendre la régence, et on lui donne dans ses lettres le titre d'évêque, tandis que Bourbon se faisoit sacrer à Huy par l'évêque de Lisieux. Les nouveaux bourguesmestres font chasser tous les Bourbonois de la ville. Les Liégeois, animés par le roi, reprennent les armes, et sont sur le point d'enlever le comte de Charolois dans Saint Trond. Ce prince, irrité de tous leurs outrages, écrivit à son père de lui envoyer des troupes: il se mit à leur tête, marcha contre Dinant, fit un feu terrible sur la ville, et réduisit la plupart de ses bâtimens en cendres. En trois jours, les murailles furent ouvertes et les faubourgs pris : la garnison se sauva. Les habitans ayant vainement attendu le secours de leurs alliés, offrirent

AN DE J. C. 1466.

de se rendre : ils demandoient la vie. Le comte refusa de les recevoir. Cependant 40,000 Liégeois étoient en route et s'approchoient des remparts. Charles résolut de les prévenir, en donnant un assaut général. Les assiégés se livrèrent à la discrétion du vainqueur. Il les renvoya au duc son père, qui avoit juré la ruine de Dinant, et que rien ne put fléchir. La ville fut abandonnée au pillage ; l'ordre en fut prononcé par Philippe. L'avidité du soldat ne cessa qu'après plusieurs jours de carnage. Huit cents personnes furent jetées dans la Meuse, liées deux à deux, et la ville couverte d'un monceau de cadavres, fut consumée par les flammes.

A la nouvelle du sac de Dinant, les Liégeois entrèrent en fureur. Ils sonnèrent la cloche du ban, coururent aux armes, et accusèrent leurs bourguemestres de les avoir empêchés de sauver leurs compatriotes. Un de ces magistrats qui fuyoit le tumulte, fut enveloppé par la populace, et expira sous ses coups. Après ce premier mouvement, réfléchissant sur leur sort, ils ne virent d'autre parti que de faire la paix. Mais Charles qui s'avançoit vers Liége, avoit déjà pris Saint Trond ; les troupes liégeoises étoient revenues sur leurs pas, et les deux armées se trouvèrent en présence. Cependant les chefs négocioient un accommodement ; le comte, à qui l'on proposa de s'en tenir à la convention faite avec Philippe, demanda trois cents ôtages pour la sûreté du traité : ces ôtages furent livrés. Il exigea de plus six cent mille florins. Pour former cette somme, les Etats se cotisèrent : le clergé, suivant son usage, refusa d'être compris dans la taxe. Enfin Charles voulut que l'évêque fût rétabli dans la plénitude de sa puissance. On envoya des députés à Bourbon, qui, n'osant point aller à Liége, proposa de tenir un congrès à Huy.

AN DE J. C. 1466.

Au jour de l'assemblée, plusieurs bannis paroissant à la suite de Bourbon, les Liégeois refusèrent de s'expliquer devant des traitres à l'Etat. « Vous demandez, leur dit Bourbon, que » je vous pardonne, et vous ne voulez pas par- » donner à ceux de vos compatriotes qui m'ont » été fidèles » ! On se sépara sans rien conclure. Dans une nouvelle assemblée, Baré qui avoit paru céder d'abord, reprit un ton de hauteur. L'évêque lui en fit sentir l'indécence, et finit par déclarer qu'il s'en tenoit au jugement du pape. Le peuple en fut indigné, rompit toute voie de conciliation, dressa même une potence dans la place du marché, où il pendit quatre des principaux conseillers de Bourbon. On renouvela l'édit des proscriptions : tous les Bour-

1467.

bonois furent jetés dans des cachots. Des lettres anonymes, semées dans le public, contre Raës, l'ame et le mobile de ces factions, ne servirent qu'à le rendre plus cher au peuple. Il établit un emprunt pour la cité, et défendit de payer au duc Philippe, le reste de la somme qu'il exigeoit. Il traînoit partout à sa suite une troupe de gens déterminés, qu'il nommoit les Francs-Liégeois, et qui marchoient armés de bâtons plombés : il eut même le crédit de former un conseil secret. Ce tribunal devint bientôt si puissant, que Baré et d'autres personnages consulaires demandèrent d'y être admis. Raës y joignit des hommes tirés de chaque métier.

Bourbon, instruit de l'ascendant que Raës avoit sur les esprits, lui fit proposer une entrevue. Raës la rejeta. L'envoyé de France, chargé en apparence de concilier les partis, ne fut pas plus heureux. Mais l'objet secret de sa mission étoit de traiter avec Raës, et il y réussit. Louis, qui vouloit empêcher le duc Philippe de traverser ses desseins, avoit engagé les Liégeois dans cette guerre, leur avoit promis des monts d'or pour les avoir à sa disposition, quand il en auroit besoin, mais ne songeoit point à les assister, et ne leur donnoit que des paroles.

Ce fut dans ce temps que mourut Philippe le

Bon. Il laissoit à son fils Charles, un domaine considérable et plusieurs millions, qui devinrent l'instrument de sa perte.

AN DE J. C. 1467.

Les Liégeois qui ne faisoient la paix à la fin d'une campagne, que pour rentrer en guerre l'année suivante, échauffés par les discours de Raës, ne respiroient que le tumulte : tous ceux qui parloient de paix furent jetés dans la Meuse. Raës et Baré furent placés à la tête de la milice.

Bientôt les habitans de Visé font une irruption sur les terres de Limbourg : ceux de Huy, qui tenoient pour l'évêque, se jettent dans la Hesbaie. Les Liégeois attaquent leur ville, la prennent, et renvoyent Bourbon qui se trouvoit dans la place, avec le seigneur d'Imbercour.

Le duc Charles fait publier la guerre par ses hérauts, qui tenoient d'une main un flambeau, et de l'autre une épée. Il délibéra s'il feroit mourir les ôtages ; mais sur les représentations d'Imbercour, il leur laissa la vie. Les Liégeois se préparoient à la guerre : ils firent transporter dans leur ville une image de la Vierge, et tandis qu'on fêtoit cette translation avec une pompe extraordinaire, on coupoit en morceaux un ancien bourguemestre de Dinant, qui avoit proposé la paix, et on dispersoit ses membres aux quatre coins de la ville.

AN DE
J. C.
1467.

Les envoyés de Louis XI remontrèrent à Charles que les Liégeois étoient les alliés de leur maître, et qu'il ne pourroit leur refuser des secours s'ils étoient attaqués : mais ils firent entendre qu'il consentiroit à les abandonner, si le duc lui laissoit vider sa querelle avec les Bretons. Charles refusa de séparer ses intérêts de ceux du duc de Bretagne, et il ajouta : « Les » Liégeois m'attendent. Si je perds la bataille, » vous ferez ce qu'il vous plaira ; si je la gagne, » vous laisserez en paix les Bretons ». Il prit la route de Saint Trond, où son armée s'assembloit, et il l'investit. Les Liégeois y avoient mis 3000 hommes, et le comte de Berlo, chargé de l'étendard de Saint Lambert, marcha à la tête de 30,000 Liégeois, pour secourir la ville. Le combat se livra près de Brustheim. Les Liégeois, dont la milice avoit été formée à la hâte, qui manquoient de cavalerie, qui se battoient sans ordre, furent d'abord rompus, revinrent plusieurs fois à la charge, mais renversés par une artillerie nombreuse, et par des troupes aguerries, ils furent mis en pièces : il en resta neuf mille sur la place : Baré fut trouvé parmi les morts. Six pièces de canon et cent-vingt autres pièces d'artillerie devinrent la proie du vainqueur, qui fit part au roi de sa victoire. Les assiégés se rendirent : le duc leur demanda dix hommes, qui furent envoyés au supplice. Tongres subit le même sort et les mêmes conditions. Le château de Looz fut pris et brûlé. L'orage s'avançoit vers Liége : les habitans effrayés, après avoir vainement tenté de fléchir leur évêque, et d'obtenir son entremise auprès de Charles, prirent le parti de se livrer. Trois cents bourgeois sortirent de la ville, pour aller demander leur grace au vainqueur; mais le duc qui s'étoit lassé de les attendre, retournoit sur ses pas. Ils voulurent rentrer dans la ville. On refusa de les y recevoir, qu'ils n'eussent conclu la paix. Imbercour leur déclara, de la part de Charles, qu'il n'exemptoit la ville que du pillage et du feu. Il falloit se résoudre : ils allèrent se jeter aux pieds de ce prince, et lui remirent les clefs de la ville. Le duc entra dans Liége, accompagné de Bourbon, et suivi de 4000 hommes. Il reçut les complimens du clergé. Raës s'évada : la garnison d'Huy prit la route de France, et la Hesbaie se racheta du pillage par d'énormes contributions. On lut ensuite les articles du traité. Il portoit que Liége et les autres villes de la province seroient démantelées ; que la cité payeroit au duc une somme sept fois plus forte que celle de l'année précédente ; qu'elle lui remettroit ses chartres, son artillerie et ses armes; que l'évêque nommeroit chaque année

AN DE J. C. 1467.

de nouveaux échevins, qui prêteroient hommage au duc; que le siége de l'official seroit transféré à Louvain, et qu'on démonteroit, en témoignage de l'abolition de la liberté, le péron qui en étoit le symbole, sans qu'il fût permis d'en élever un autre. Ces conditions furent souscrites par le peuple. Le péron fut enlevé de Liége, et transféré à Bruges : plusieurs villes furent démolies : Bourbon reçut les soumissions du clergé et du peuple ; Charles retourna dans le Brabant, et l'interdit fut levé.

1468. Imbercour, régent des Etats pour le duc de Bourgogne, se rendoit odieux par ses violences. Il établissoit de nouveaux droits, en supprimoit d'autres, et ne laissoit à Bourbon que l'ombre du pouvoir. Il fut enfin rappelé par le duc. Mais l'évêque ne rendoit point son autorité plus douce. Occupé de ses plaisirs, il déployoit un luxe insultant aux yeux de sa nation gémissante : il voulut donner une fête à Maëstricht, et sortit de Liége avec une suite brillante. Tous les factieux y rentrèrent. Le peuple, excité par les députés de Louis XI, prit les armes, se joignit aux rebelles, marcha vers Tongres, l'emporta, fit prisonnier Bourbon qui s'y étoit jeté, égorgea les chanoines de sa suite, et le ramena dans Liége. Le légat s'y rendit, dans le dessein de réconcilier le prince et la cité.

Plusieurs Français parcouroient la ville, portant une croix droite, écussonée aux armes de Bourgogne. Ils y étoient sous la protection du roi, qui flattoit les habitans d'un secours prochain : mais aux premières ouvertures de paix, les Liégeois les firent sortir de la ville, et ôtèrent les armes de France qui étoient placées sur les portes.

AN DE J. C. 1468.

Louis XI avoit eu l'imprudence d'aller trouver Charles à Péronne, sans garde, et suivi du cardinal de la Balue, qui lui faisoit faire cette fausse démarche. Dans le cours des négociations, le duc apprend le soulèvement des Liégeois et la prise de Tongres. Irrité contre le roi qu'il accuse de ces nouveaux troubles, il le traite de parjure et le fait arrêter. Louis proteste par la Pâque-Dieu, que loin d'avoir soulevé les Liégeois, si monsieur de Bourgogne vouloit aller mettre le siége devant leur cité, il iroit volontiers avec lui. Le duc balança un moment s'il se vengeroit sur la personne du roi. Il consentit enfin à un traité dont les conditions furent exorbitantes. Une des clauses les plus honteuses pour Louis, fut qu'il accompagneroit le duc à Liége. Le monarque obéit. Il affectoit même de le suivre avec joie. Il écrivoit au comte de Danmartin : « Tenez-vous sûr que je ne vais en ce » voyage du Liége par contrainte miette, et que

» je n'allai oncques de si bon cœur en ce voyage
» comme je fais en celui-ci (1)? Puisque Dieu
» m'a fait grace et Notre-Dame que je me suis
» armé avec M. de Bourgogne, tenez-vous sûr
» que jamais nos brouilleries de par-delà ne le
» sauroient faire armer contre moi » ?

L'avant-garde de l'armée entra dans Tongres et la mit au pillage. Liége s'adressa encore à Bourbon pour obtenir la paix. Il promit de s'employer pour elle auprès du duc, et de revenir s'associer à sa fortune, s'il ne pouvoit le fléchir. Il partit avec le légat. Mais ils trouvèrent Charles inexorable. Il leur déclara qu'il avoit juré la perte des Liégeois; il retint même Bourbon, ne voulant pas qu'il fût enseveli sous les ruines de sa ville. Les Liégeois étoient sans troupes, sans chef, sans fortifications; livrés à leur propre foiblesse, ils n'attendoient rien que du désespoir; quelques palissades formées à la hâte leur servoient de remparts. Six cents soldats levés sans choix dans la terre de Franchimont composoient toutes leurs forces; mais ils avoient fait serment de se défendre jusqu'à l'extrémité. L'armée de Bourgogne se logea dans un faubourg. Elle étoit si sûre de vaincre, qu'on proposa au duc de renvoyer une partie de ses

---

(1) Hist. de France, de Vély et Villaret.

troupes. Louis appuyoit cet avis, et ce fut pour Charles un motif de ne pas le suivre.

Le siége duroit depuis quelques jours, quand de Villers, prévôt de la ville, assembla des Liégeois déterminés, et se glissant avec eux le long des ouvrages ruinés, ils fondirent, au milieu de la nuit, sur les Bourguignons, en tuèrent huit cents, ébranlèrent toute l'avant-garde, mirent en fuite deux mille archers, blessèrent le prince d'Orange, et se retirèrent en bon ordre, malgré le feu des ennemis et leur multitude. De Villers blessé dans l'action mourut deux jours après. Le duc, à la nouvelle de cet échec, hâta sa marche, entra dans le faubourg de Sainte Valburge, et y prit son quartier. Le roi occupoit une maison qui n'étoit séparée de celle de Charles que par une grange. Il laissa ses gardes dans le voisinage. Charles toujours inquiet, craignant que Louis ne se jetât du côté des Liégeois, ou qu'il ne voulût s'évader, mit trois cents hommes dans la grange, pour être à portée d'observer le prince.

Après huit jours d'inaction, on résolut de donner un assaut général à la ville, presqu'ouverte de toutes parts. Charles fit reposer ses troupes, pour les préparer à l'attaque du lendemain. Il quitta ses armes pour leur donner l'exemple. Les assiégés prévenus de son projet,

AN DE formèrent une résolution dont la témérité ne
J. C. pouvoit être justifiée que par l'excès de leur dé-
1468. sespoir. A la faveur de la nuit, les Franchi-
montois suivis des bourgeois les plus intrépides,
descendent à travers les ruines de leurs murs,
et les ouvertures des rochers, gagnent sans bruit
le camp des ennemis, et parviennent jusqu'au
quartier du roi et du duc de Bourgogne. Leur
dessein étoit de les enlever, et ils terminoient la
guerre par ce coup d'éclat ; mais si l'entreprise
échouoit, ils vouloient mourir, les armes à la
main. Conduits par les hôtes qui logeoient les
deux princes, ils égorgent les sentinelles, arrivent au quartier de Louis et de Charles et sont sur
le point de les surprendre dans leur lit. Mais au
lieu de courir brusquement à leur proie, ils s'ar-
rêtent devant le logis du comte du Perche, et donnent aux troupes le temps de s'armer. Charles
n'avoit que douze archers auprès de lui. Ils l'é-
veillent et l'habillent, tandis que les soldats du
dehors étoient occupés à repousser l'ennemi,
qui vouloit forcer la maison. Le combat fut
terrible : les Liégeois furieux d'avoir manqué
l'occasion, frappoient en désespérés. Il y eut
un des guides qui parvint à l'appartement de
Louis. Ce monarque, soutenu de sa garde écos-
soise, fit des prodiges de valeur : il s'ouvrit une
route au travers des assaillans, et parvint à se

dégager. Les deux princes se joignirent dans la mêlée et se rassurèrent sur leurs craintes mutuelles. Les Liégeois accablés par le nombre, périrent tous avec la gloire de s'être dévoués pour leur patrie.

AN DE J. C. 1466.

Le lendemain l'assaut fut résolu dans le conseil de Charles, et Louis n'y fut point appelé. Ce prince voulut faire des remontrances, qui ne furent point écoutées. On lui dit froidement qu'il étoit le maître de se retirer à Namur. Louis dévora cet affront et céda : les factieux se hâtoient de quitter la ville ; il n'y restoit plus que quelques bourgeois paisibles, des vieillards, des femmes, des enfans qui cherchoient un asyle dans les églises. Les routes étoient couvertes de ces malheureuses familles qui fuyoient vers les Ardennes ; et quand Charles, à la tête de 40,000 hommes se présenta devant les portes, il n'y trouva personne. Son armée se répandit dans la ville en criant : Vive Bourgogne ! (c'étoit le signal du pillage) ; et le roi la suivoit en criant : Vive Bourgogne ! Du palais épiscopal où le duc l'avoit consigné, il voyoit égorger sous ses yeux ce peuple, dont il avoit armé les mains et causé le désastre. Il loua même, en face de Charles, sa valeur et ses succès, et ce fut à ce prix qu'il acheta sa liberté. Le duc le laissa partir et son départ fut une fuite. Il trembloit d'être rappelé, et ne se crut en sûreté que quand il toucha ses terres.

1468. Liége étoit inondée de sang : les habitans qui ne purent payer leur rançon, furent massacrés. On en jeta 1200 dans la Meuse : liés les uns aux autres ; la vie de ces malheureux étoit à si bas prix, qu'un grand nombre se racheta pour cinq ou six sols. On compta dans cette horrible exécution 40,000 hommes tués et 12,000 femmes noyées. Quand il ne resta plus dans la ville que des monceaux de morts, Charles tourna sa fureur contre les bâtimens, qui furent livrés aux flammes. Il n'épargna que les églises, étrange dévotion d'un barbare, qui croyoit respecter le ciel quand il se baignoit dans le sang des hommes ! Il s'étoit arrêté à quelque distance de la ville, pour entendre le fracas des maisons qui s'écrouloient, et jouir du spectacle de l'incendie, qu'on apercevoit d'Aix-la-Chapelle.

Avant de retourner dans le Brabant, il se fit créer mambour de cette misérable cité, où il ne restoit pas six maisons, et dont les habitans réfugiés dans les bois, périssoient de froid et de misère.

1469. Imbercour, qu'il chargea du gouvernement dans son absence, établit au nom de son maître une cour de justice, vendit les emplacemens et s'appropria tous les droits de l'évêque. Bourbon obtint la permission de faire rebâtir quatre cents maisons, moyennant une pièce de trente sols pour chaque bâtiment, et un tribut annuel de deux chapons.

AN DE J. C. 1469.

Imbercour tenoit la cité dans une servitude absolue : l'ancienne administration étoit détruite ; il s'élevoit tous les jours de nouvelles judicatures qui ajoutoient au fardeau du peuple. Les campagnes manquoient de cultivateurs. Toutes les voix étoient muettes : une terreur sombre glaçoit tous les esprits : un mot indiscret coûtoit la vie. Dans ce même temps Charles entra dans Aix-la-Chapelle, pour acquitter un vœu qu'il avoit fait à la Vierge. Il accomplit ce pélerinage, à la tête d'une armée, et avant de sortir de la ville, il se fit payer pour son voyage 80,000 florins.

1471.

De-là il se rendit à Trèves, pour avoir une entrevue avec l'empereur, qui lui proposoit pour gendre son fils Maximilien. Frédéric consentoit à ce prix de le déclarer roi de Bourgogne, vicaire de l'empire, et de lui céder ses droits sur les quatre évêchés des Pays-Bas, Liége, Utrecht, Cambrai et Tournai. Louis XI alarmé de cette entrevue, envoya des agens adroits à Frédéric, pour lui peindre Charles comme un ambitieux qui aspiroit à se placer

1473.

AN DE J. C. 1475.

sur le trône impérial. Frédéric partit de Trèves sans voir le duc, et lui fit dire qu'il remettoit son couronnement au temps du mariage de Maximilien. Charles se retira honteux d'avoir été joué. Des troubles élevés à Cologne entre l'évêque et son chapitre, et dont il fut nommé le médiateur, lui firent naître l'envie de s'emparer de cet électorat. Cette entreprise échoue.

1476. Charles se jette sur la Lorraine, par des motifs de ressentiment contre le duc. Il s'en empare. A peine cette expédition est-elle faite, qu'il s'attire de nouveaux ennemis. Résolu de faire la guerre aux Suisses qui venoient de s'allier avec la France, il assiége Granson, où il y avoit 500 Suisses, les reçoit à composition et, contre la foi donnée, en fait pendre ou noyer une partie, et jette le reste dans les fers. Les Suisses rassemblent 20,000 hommes, marchent contre lui et mettent son armée en déroute. Rendu plus furieux par cet échec, il assiége Morat. Les Suisses ligués avec les princes du Rhin, lui livrent une seconde bataille et lui tuent 18,000 hommes : le duc de Lorraine, profitant de sa déroute, reprend Nancy. Charles ramasse quelques troupes à la hâte et va camper devant cette ville. Ce prince n'avoit pas plus de deux mille hommes : son ennemi en avoit dix-huit mille. Au premier

1477. choc, les Bourguignons sont défaits et leur duc

est tué. Avec lui finit en France le gouvernement féodal, époque célèbre qui prépara les révolutions des siècles à venir, changea la face politique de l'Europe, resserra le pouvoir des nobles, étendit les limites du trône, et sembloit indiquer d'avance au cardinal de Richelieu la route qu'il a suivie.

AN DE J. C. 1477.

Marie fut proclamée héritière de tous les États de Charles son père. Bourbon obtint de cette princesse la remise des droits qu'elle pourroit prétendre, elle et ses successeurs, sur le pays de Liége, et du tribut annuel de 30,000 florins dont il étoit chargé. Il supprima les tribunaux élevés par les Bourguignons, et rétablit l'ancien gouvernement. Imbercour, par une de ces révolutions fréquentes dans une cour orageuse, accusé d'être vendu au roi de France, et infidèle à la princesse, mourut sur un échafaud.

Liége commençoit à respirer. On avoit remis en vigueur les réglemens de Hinsberg. Le nom de bourguemestre, si doux à l'oreille de ces républicains, se faisoit entendre. Bourbon rendit aux métiers leurs biens et leurs droits, permit aux exilés de reparoître, ôta les impôts, rappela dans la ville la cour de l'official, rétablit les bourgeois dans leurs priviléges et obtint de Marie qu'on rapporteroit à Liége le péron transféré depuis dix ans à Bruges. Ce dernier bienfait fit sur le peuple une impression plus vive que tous les autres. Il contemploit avec transport le monument de sa liberté, et il en célébra le retour par une fête extraordinaire.

Marie de Bourgogne, destinée d'abord à l'archiduc Maximilien, venoit enfin de l'épouser, et les provinces des Pays-Bas, échurent par ce mariage à la maison d'Autriche. Louis XI ne vit pas tranquillement cette alliance qu'il avoit déjà rompue une fois.

Il voulut engager les Liégeois dans une guerre avec Marie. Mais cette princesse, pour acheter leur amitié, venoit de renoncer à tous les droits que son père s'étoit acquis sur eux, et la neutralité fut publiée dans tout le pays de Liége.

Cette renonciation de Marie de Bourgogne est de l'an 1476 (1). L'acte en est déposé dans les archives de Liége; mais elle n'a point empêché les princes des Pays-Bas de continuer d'exercer en plusieurs lieux, la juridiction que Charles y possédoit; et ces voies de fait leur servent encore de titre aujourd'hui.

D'Aremberg, comte de la Marck, comblé des bienfaits de Bourbon et devenu son premier ministre, avoit formé le projet de le déposséder

---

(1) Recueil des édits, to. 1, ch. 4.

et de placer la mitre sur la tête de son fils. Il assembla une troupe de séditieux, et se jeta avec eux dans le château de Franchimont; comme il étoit appuyé par la France, l'évêque n'osoit faire éclater son ressentiment. Louis XI envoya quelques troupes à d'Aremberg, qui promettoit de le rendre maître du pays; mais elles furent arrêtées par l'archiduc, et retournèrent sur leurs pas.

AN DE J. C. 1478.

D'Aremberg privé de ce secours, et poursuivi par Maximilien, osa rentrer dans Liége. Il en fut banni par une sentence des échevins: bientôt il parut dans les Ardennes à la tête d'une petite armée. L'évêque assembla les États. Tous les gens de fief eurent ordre de prendre les armes, et Bourbon s'enferma avec eux dans la ville d'Huy. Mais voyant d'Aremberg s'approcher de Liége, il y retourne, convoque la bourgeoisie et lui fait prendre les armes. D'Aremberg avoit quatre mille hommes. Bourbon l'attaque, et malgré le désavantage du terrein, dispute longtemps la victoire; mais abandonné de ses soldats, il se rend à d'Aremberg et lui demande la vie: le barbare ne répondit qu'en lui perçant le cœur.

1479.

Bourbon avoit sollicité la princesse Marie d'épouser le dauphin. Elle auroit suivi ce conseil par un effet de son attachement pour la

AN DE J. C.
1479.

France, sans les oppositions de sa cour, qui la blâmoit d'épouser un enfant de neuf ans. Mais elle consentoit de donner sa main au comte d'Angoulême, qui régna depuis sous le nom de François Ier. Le roi s'y opposa et laissa passer sous la puissance de l'Autriche un des plus beaux domaines de la maison de France.

1482. Après la mort de Bourbon, d'Aremberg entra dans la ville avec les fuyards, se fit proclamer mambour, assembla le peuple, lui protesta qu'il n'avoit pris les armes que pour venger la liberté commune, rétablir la noblesse dans ses dignités, la justice dans sa vigueur et les bourgeois dans leurs priviléges. Tandis qu'en public il affectoit un zèle désintéressé, il tourmentoit secrètement le chapitre, occupé de l'élection d'un évêque, et il vouloit le contraindre à nommer son fils. La plupart des chanoines se retirèrent à Louvain, pour faire un choix régulier. D'Aremberg se transporte au chapitre, et fait désigner son fils par le petit nombre de capitulaires qui restoient : il fut proclamé. On conserve encore des monnoies d'argent qu'il fit frapper. La partie du chapitre qui étoit à Louvain déclara l'élection nulle, et fit un nouveau choix. Comme les suffrages étoient partagés, on s'en remit à la décision du pape.

1483. Dans cette vacance, l'Etat fut en proie à tous

les maux des guerres civiles : d'Aremberg y portoit le fer et le feu : la discorde armoit familles contre familles : des incendiaires couroient, la torche à la main, brûlant des villages entiers. La province, déchirée au dedans par des factieux, étoit opprimée au dehors par les troupes de l'archiduc. D'Aremberg n'avoit d'autorité que celle d'un tyran qui se maintient par le glaive. Dans un jour, toute la Campine fut dépeuplée, et 5ooo hommes y périrent. La mort de Louis XI ralentit l'audace du mambour, et détruisit ses espérances. Il demanda la paix.

JEAN DE HORNE, 83.e Év.^e

JEAN DE HORNE venoit d'être nommé. D'Aremberg lui fit dire qu'il étoit prêt de le reconnoître, s'il vouloit traiter avec lui. La paix se fit à Tongres. D'Aremberg exigea des sommes considérables, et fit entrer dans le pacte un nombre de clauses pour lui, pour son fils et ses créatures. D'Aremberg, chargé des dépouilles de la république, céda le siége à Jean de Horne. Cet évêque, suivant l'usage du temps, fut reçu hors de la ville par les bourguemestres, qui lui présentèrent une formule de serment. Il la prononça entre leurs mains : alors ils l'introduisirent dans la ville. Les historiens observent que cette pratique étoit ancienne. Pour se débarrasser de Croy, qui avoit été son concurrent, de Horne lui fit une pension de dix-huit cents florins d'or.

1485. Sur le bruit d'un complot formé par d'Aremberg, pour livrer au duc de Lorraine quelques villes du pays de Liége, l'archiduc le fait arrêter et conduire à Maëstricht. On expédie son procès, et il porte sa tête sur un échafaud. De Horne assistoit au supplice, et on l'accusa d'avoir eu part à cette mort.

Les partisans de sa victime et tous les factieux se réveillèrent. Les bourguemestres qui avoient juré, à la paix de Tongres, d'assister d'Aremberg, convoquèrent le peuple, et lui proposèrent une confédération avec les autres villes du pays. On fit venir 1500 Allemands pour garder la cité. Ghui de Canne fut nommé général de la milice : son autorité fut absolue : il étoit comme le dictateur de la république. Rusé, cruel, mais éloquent, il savoit tourner à son gré l'esprit du peuple.

Jean de Horne, exclu de la cité, eut recours à l'archiduc. Ce prince envoya des commissaires à Liége. On consentit à recevoir l'évêque, et les Etats dressèrent les conditions de paix. Mais à peine étoient-elles ratifiées, que Ghui rompit le congrès. Suivi d'une foule de séditieux, il pilla la ville de Saint Trond et le château de Curenge, revint à Liége et courut par la ville, poignardant tous les partisans de l'évêque : il osa même y faire bâtir un fort. Le peuple le démolit. Ghui crut en imposer par sa présence, et parut avec ses soldats sur les degrés de Saint Lambert. Il fut renversé par la multitude, percé de coups et traîné dans les rues. Sa mort fit cesser le tumulte, et de Horne rentra paisiblement dans la ville.

Le magistrat et les deux clergés abolirent la charge de mambour. Il fut statué que dans les vacances du siége, la régence seroit confiée aux bourguemestres et au conseil de la ville, et qu'on n'introduiroit plus de soldats étrangers dans la ville.

Le prince s'occupa de la *réformation* des lois, et son mandement fut approuvé par les Etats. Il y ajouta dans la suite une *modération*.

Jacques de Croy, à qui de Horne n'avoit pas encore payé sa pension, se pourvut contre lui en cour de Rome, et obtint une sentence qui le suspendoit *à Divinis*. Il la fit afficher à Huy. L'évêque, pour ne pas irriter le pape, sortit de Liége. Il confia l'administration par *interim* à son frère et au grand mayeur. Le peuple en murmura, disant qu'au lieu d'un maître, on lui en donnoit plusieurs, et qu'il n'y avoit rien de stable dans le gouvernement. Éverard de la Marck, profitant de ces dispositions, entre dans Liége. Les régens se sauvent ; ils sont faits prisonniers : le grand mayeur est tué. Les bourguemestres envoient le vin d'honneur à Éverard. Des séditieux pillent le palais de l'évêque, et en emportent les meubles. L'un d'eux se couvre par dérision des habits pontificaux, et se promène à cheval dans les rues, en distribuant des bénédictions.

L'empereur passant par Maëstricht avec son armée, de Horne implora son secours. Le prince fit demander une trève aux Liégeois : elle fut acceptée.

Dans le temps qu'Éverard gouvernoit l'Etat, il obtint de Charles VIII, roi de France, des lettres de protection pour cette république.

Il y eut un décret sur les grains, publié au perron par l'autorité du même roi, d'Éverard souverain officier, des envoyés de sa majesté, et des bourguemestres. Les armes du roi de France, à qui la maison de la Marck étoit dévouée, furent posées à toutes les portes de la ville.

De Horne abandonné de l'empereur, qui avoit repris la route de l'Allemagne, envoya des députés à Charles VIII, pour l'intéresser dans sa cause. Le roi consentit de se rendre médiateur entre lui et les d'Aremberg.

DE L'ÉTAT DE LIÉGE. 175

Le comte Éverard mettoit le siége devant Saint Trond, où étoit renfermé l'évêque. Il fut obligé de le lever. De Horne profitant de cet avantage, prit Tillemont et fut sur le point d'entrer dans Liége.

AN DE J. C. 1490.

Les envoyés de France arrivèrent. Il y eut des conférences à Maëstricht. Elles furent suspendues par les hostilités du comte de la Marck. De Horne rassembla des troupes, le combattit et le défit. Cette victoire hâta la négociation. La paix fut conclue. On prit pour garants du traité et pour arbitres du différend, l'archevêque de Cologne, le duc de Juliers, et le comte de Nassau. Au moment que la paix étoit signée, Éverard entre dans Liége et s'en fait déclarer mambour. De Horne a recours à l'archiduc. Ce prince fait demander au comte s'il agissoit en son nom, ou pour le roi de France. Sur sa réponse équivoque, il charge le duc de Saxe de rétablir l'évêque. Le duc, après des conférences inutiles, fait approcher son armée de la ville. Enfin le comte de la Marck demande un congrès. Il fut appelé *la paix de Douchery*. On y convint que les États payeroient au comte de la Marck 50,000 liv.; qu'il y auroit une amnistie générale; que l'évêque rentreroit dans la ville; qu'il obtiendroit pour les d'Aremberg et le peuple la ratification de l'amnistie auprès du

1491.

roi des Romains. Le comte se prosterna aux pieds du prélat, qui le supplia, les larmes aux yeux, de lui pardonner la mort de son frère. Ils s'embrassèrent et la paix fut publiée.

1495. Maximilien devenu empereur, avoit licencié ses troupes et assigné leurs quartiers d'hiver dans le pays de Liége. Elles y commirent du dégât, et surprirent même la ville de Tongres. De
1498. Horne fit demander à l'empereur s'il approuvoit les désordres de ses gens de guerre. Maximilien répondit qu'il les plaçoit où il vouloit, et qu'il défendoit qu'on les molestât. De Horne assiégea Tongres, la reprit et porta ses plaintes au collége électoral. La diète assemblée à Cologne, prononça que, pour dédommager les Liégeois des pertes que leur avoient fait souffrir les gens de l'empereur, les Etats de Liége seroient quittes envers S. M. de tout engagement.

Sur quelques différends élevés entre les deux clergés, de Horne décida que le clergé secondaire ne seroit plus aggrégé aux Etats, ni convoqué aux journées; mais qu'avec la permission des Etats, il pourroit s'assembler dans le chapitre de Saint Pierre.

1500. L'an 1500 est remarquable par la division de l'empire en six cercles, faite sous Maximilien, dans une diète tenue à Ausbourg. L'objet de cette distribution étoit de procurer aux princes teutoniques la facilité de pourvoir plus promptement à leur défense mutuelle, par des assemblées plus commodes que les diètes générales.

AN DE J. C. 1500.

L'empire avoit déjà été divisé en quatre cercles, par l'empereur Albert II, dans une diète tenue à Nuremberg en 1438.

Enfin Maximilien en forma dix cercles, l'an 1512 : l'évêché de Liége demeura incorporé au cercle de Westphalie.

On s'occupa de régler la matricule de l'empire, pour fixer la côte des contributions à répartir sur chaque cercle. Ce fut un des objets de la diète tenue à Worms l'an 1521. La taxe de l'évêché de Liége y fut arrêtée. Avant cette époque, les évêchés d'Allemagne payoient leur cote selon qu'elle étoit fixée par les diètes. Liége a toujours régulièrement payé les subsides. Ce ne fut que sous Ferdinand de Bavière qu'elle essaya, mais vainement, de s'y soustraire. Le protocole du cercle de Westphalie atteste aussi que les députés des princes de Liége ont assisté aux assemblées du cercle depuis 1578 jusqu'en 1612, et qu'ils ont été inscrits dans les matricules depuis son établissement.

Suivant les derniers états qui m'ont été communiqués, la ville de Liége, pour sa cote part,

AN DE J. C. 1500.

paye au cercle de Westphalie. . 1600 flor.
La Hesbaie, et Montenac. . . 1869 12 ½
Moha et Condroz. . . . . 1048 . 5
Le quartier d'Amon. . . . . 216 12 ½
Sambre-Meuse. . . . . . 1794 5 ½
Franchimont. . . . . . 518 6 ½
Looz. . . . . 2238 18 ½

Le total de la contribution monte à 9886 ¼

1505. Jean de Horne mourut au milieu d'un violent accès de colère. Les dernières années de sa vie avoient été marquées par des emportemens indignes de son rang et de son caractère. Il avoit un penchant décidé pour le despotisme, et quiconque lui résistoit devenoit tôt ou tard l'objet de sa vengeance. On étoit étonné de le voir réveiller d'anciennes animosités qu'on croyoit assoupies. Il n'opposoit aux difficultés que la foiblesse et la fureur d'un enfant. Son premier mouvement étoit de tuer ceux qui lui faisoient ombrage. Son cheval s'étant cabré devant un paveur, il voulut percer cet homme de son épée. A la chasse, deux gardes l'ayant averti que la bête étoit prise dans les filets, il ne l'y trouva pas et courut pour les tuer. Cette humeur exaltée le conduisit au tombeau.

ÉRARD DE LA MARCK, 84.ᵉ Ev.ᵉ

AN DE J. C.

Érard de la Marck, proposé au chapitre par Louis XII, obtint la pluralité des suffrages, et fut élu. — 1505.

Toute l'Italie étoit en feu par la ligue de Cambrai (1). Le pape Jules II, à qui elle avoit fait obtenir ce qu'il desiroit, étoit intéressé à ne plus souffrir les Français en Italie. Il se ligua contr'eux avec Ferdinand, roi d'Espagne, Henry VIII, roi d'Angleterre, et les Suisses. — 1510.

Le roi mécontent du pape, fit assigner un concile général à Pise. Le pape y fut cité. Il convoqua, de son coté, un concile à Rome, et mit en interdit le royaume de France. — 1511.

Louis craignant que l'empereur ne se détachât de la ligue, lui envoya une ambassade en Italie, et l'évêque Erard fut associé à cette mission. Il obtint du roi, au bout de deux ans, un congé pour retourner dans ses Etats. — 1512.

A la mort de Louis XII, Érard assista au sacre de François Iᵉʳ. Peu de temps après, il quitta le parti de la France pour se jeter du coté de l'Espagne. Charles V conclut avec lui un traité d'alliance (2). C'est une suite du con- — 1515.

— 1518.

---

(1) Hist. de la Ligue de Cambray.
(2) Recueil des édits.

cordat de l'an 1398, fait avec le Brabant. Il a été renouvelé par ceux de 1549, 1569 et 1615

Après la conclusion de ce traité, les Etats demandèrent à l'empereur la permission de former un conseil auquel on pût appeler du tribunal des échevins, dans les causes qui ne ressortiroient point à la chambre impériale (1). Dans le diplome de l'empereur, où le pays de Liége est appelé le boulevart, la tour de défense de l'empire et son principal membre, il est porté qu'on ne pourra saisir les sujets de l'évêque hors du pays, ni les évoquer aux tribunaux de l'empire, si l'évêque et son conseil n'ont pris connoissance de leurs causes; qu'on n'appellera aux dicastères que pour une somme de 600 florins d'or en matières immobiliaires, et de 300 dans les causes mobiliaires. Cet article est changé.

Telle fut l'origine du conseil ordinaire.

François Ier. se plaignit de ce traité fait au préjudice de l'alliance que Liége avoit avec la France; mais le parti de Charles V prévalut.

Ce prince, à la mort de Maximilien, fut appelé à l'empire. Il passa par Liége pour se rendre à Aix-la-Chapelle. Il fut reçu par l'évêque à la tête des Etats.

---

(1) Recueil des édits, ch. 5, n. 3.

Il emmena Érard, le fit assister à son sacre, et obtint pour lui le chapeau de cardinal. Ayant témoigné qu'il desiroit de pourvoir l'évêché de Liége, avant la mort d'Érard, d'un successeur qui lui fût agréable, il désigna Corneille de Berghe. L'évêque à son retour en fit la proposition au chapitre. On se soumit à cette nouveauté, et de Berghe fut nommé coadjuteur.

AN DE J. C. 1521.

Érard, après une administration longue et paisible, peu chargée d'événemens, mourut, et laissa la ville libre de toutes ses dettes qui montoient à plus de 200,000 florins. Ce fut lui qui fit bâtir le nouveau palais épiscopal, les châteaux de Dinant, de Stokem et de Curenge.

CORNEILLE DE BERGHE,
85.e Ev.e

1538.

La reine de Hongrie, gouvernante des Pays-Bas renouvelle avec l'Etat de Liége le concordat de l'an 1518. Les Liégeois se plaignoient des droits que l'empereur, comme prince des Pays-Bas, avoit établis à Namur et dans d'autres territoires; mais cette difficulté ne fut levée que par le concordat de 1548 (1).

De Berghe publie des mandemens pour la 1541.

---

(1) Recueil des édits, tom. 1. ch. 4, §. 17.

AN DE J. C. 1541.

sûreté de la ville et la sortie des mendians; il rétablit aussi la discipline militaire. La ville étoit divisée en cinq quartiers. Les habitans étoient tenus de s'assembler au premier coup de la cloche bannale. Chaque paroisse nommoit un capitaine, chaque collégiale un commandant, et l'évêque fixoit les lieux de l'assemblée. Le peuple eut alors, comme les Romains, des décurions et des centurions. Cette méthode parut plus prompte et moins sujète au désordre d'une convocation tumultueuse, que l'ancien usage où étoit la bourgeoisie de se rassembler d'une extrémité de la ville à l'autre, sous les drapeaux de ses métiers. Ces drapeaux avoient d'abord été portés sur des chars; ils furent depuis confiés à des cavaliers qui les portoient devant les cohortes. L'évêque fixa la maison de ville pour le lieu du conseil de guerre, et il promit d'y assister en personne ou par ses subdélégués.

Charles-Quint et de Berghe font un nouveau concordat sur l'exercice de la juridiction ecclésiastique de l'évêque dans les places des Pays-Bas dépendantes de son diocèse (1).

Dans un voyage que l'évêque fait à Gand, l'empereur le sollicite de se donner un coadjuteur: il lui propose sur-le-champ Georges d'Au-

---

(1) Recueil des Edits, tom. 1. ch. 4. §. 18.

triche, bâtard de l'empereur Maximilien, et archevêque de Valence.

De Berghe ayant communiqué à son chapitre les intentions de l'empereur, on demanda du temps pour se déterminer. Dans cet intervalle, le marquis de Guaste fait assassiner deux ambassadeurs de France qui descendoient le Pô pour se rendre à Venise. François Ier. ne pouvant obtenir de Charles-Quint la réparation de cette injure, lui déclare la guerre l'année suivante.

Le chapitre voyoit à regret s'échapper son droit de suffrage, et même une portion de son autorité, qu'enlevoient ces coadjutoreries ; mais il prit encore une fois le parti de céder. Georges d'Autriche, appelé d'Espagne pour se présenter au chapitre de Liége, fut arrêté à Lyon par l'ordre du roi, qui crut pouvoir se venger sur un parent de l'empereur, du crime commis contre ses ambassadeurs. Après vingt-deux mois de prison, Georges racheta sa liberté. Il reçu à Bruxelles les complimens du chapitre de Liége, qui le fit inviter de se rendre à sa résidence.

De Berghe ne tarda pas à abdiquer. L'époque de sa retraite est incertaine, et on ignore ce qu'il devint.

AN DE J. C. 1543.

Quelque temps avant son abdication, il avoit reçu à Liége Charles-Quint qui alloit à la diète de Spire. Ce prince fut conduit au palais épiscopal par les trois ordres : les bourguemestres, vêtus de pourpre, lui présentèrent les clefs de la ville, qu'il mit à l'arçon de sa selle. Étant arrivé au palais, il les fit appeler, ne voulut remettre ces clefs qu'entre leurs mains, et leur recommanda de les garder avec la même vigilance et la même fidélité qu'ils l'avoient toujours fait. Ce langage fit croire au magistrat qu'il avoit le droit de les retenir à perpétuité, et cette opinion fut dans la suite l'origine d'un long procès avec l'évêque.

1544. GEORGES D'AUTRICHE,
86.e Év.e.

A l'installation de Georges d'Autriche, il y eut une journée d'Etat, dans laquelle on résolut de proscrire les huguenots, et de porter la peine de mort contre les obstinés.

1546. L'empereur fit dire à Georges que le pays situé entre la Meuse et les frontières du Brabant étant ouvert et sans défense, il opposât de ce côté une barrière aux Français, où qu'il lui en laissât le soin. Il se fit un concordat sur cet objet, entre la reine de Hongrie et les Etats de Liége.

On y convint de l'échange du territoire de Ma- rienbourg avec celui de Herstal (1).

Par un autre concordat, on confirma le traité de l'an 1518, sur la liberté du commerce. On supprima les nouveaux droits établis à Namur, sur les marchandises passagères du pays de Liége: on régla que le ban de Saint Hubert et la terre de Palison seroient du territoire de Liége : on termina quelques différends sur les limites de Dinant et de Bovines, sur la seigneurie d'Argenteau et d'Hermal, et sur la rivière de Vesdre (2).

Charles-Quint, pour la troisième fois, propose un coadjuteur à l'évêché de Liége. Le chapitre qui voyoit s'établir en usage ce qu'il n'avoit regardé que comme une complaisance momentanée de sa part, crut se sauver par la forme, en désignant lui-même à l'empereur un certain nombre de capitulaires, parmi lesquels ce prince eut la liberté de choisir un coadjuteur. Charles y consentit, et nomma Robert de Bergue. Le chapitre lui avoit fait promettre qu'à l'avenir, il se départiroit, pour lui et ses successeurs, de cette voie d'élection.

Cependant la guerre continuoit entre Fran-

_____

(1) Recueil des édits, to. 1, ch. 4.
(2) *Idem.*

AN DE çois I.ᵉʳ et l'empereur. Le roi s'empare de Metz,
J. C. de Toul et de Verdun, ravage le Luxembourg,
1552. et prend le château de Bouillon, occupé par les
Liégeois. Il donne au maréchal de la Marck
cette place, dont l'empereur avoit dépouillé son
aïeul. L'Etat de Liége l'a recouvrée, par le
traité fait à Câteau-Cambresis, l'an 1559 ; mais
sans préjudice, y est-il dit, des droits que le
seigneur de Sedan et ceux de la maison de la
Marck pouvoient prétendre sur elle.

Louis XIV la reprit en 1676, la donna au
duc de Bouillon, et s'en réserva la garde. Le duc
fut confirmé dans sa possession, par l'article 28
du traité de Nimègue. Les prétentions des princes de Liége sont donc absolument dénuées de
fondement.

1554. Les Français poursuivant leurs conquêtes,
prennent Marienbourg, Agimont, Bovigne et
Dinant. Les Liégeois désertoient leur ville, et
fuyoient vers Ruremonde. Le feu consuma une
partie des richesses qu'ils y avoient portées. Le
roi, après avoir ravagé le Brabant et le Cambresis, se jeta sur l'Artois, et Liége revint de
sa frayeur.

L'empereur (1) voulant faire bâtir les forteresses de Charlemont et de Philippeville, avoit

---

(1) Recueil des édits, tom. 1 et 4.

acheté à cet effet la terre d'Agimont du comte de Conixteen, qui la lui avoit vendue sous l'agrément du prince de Liége, dont elle relevoit en fief. Elle demeura longtemps à l'Espagne, et par le traité fait à Lille, le 3 décembre 1699, en exécution de la paix de Riswick, les plénipotentiaires de France et d'Espagne partagèrent les villages dépendans de cette terre. Elle vient enfin d'être donnée à l'église de Liége, par le traité que la France a conclu avec cet Etat, en 1772.

Georges d'Autriche mourut peu de temps après l'abdication de Charles-Quint; et Robert de Bergue fut proclamé suivant l'usage.

ROBERT DE BERGUE, 1557.

87.e Év.^e

IL n'y avoit point alors d'archevêchés dans les Pays-Bas. Arras, Cambrai et Tournai dépendoient du métropolitain de Rheims, et Utrecht de celui de Cologne. Le pape Paul IV, sollicité par le roi d'Espagne, érigea Cambrai, Utrecht et Malines en archevêchés, et il ajouta au dernier la dignité de primat. Pour leur donner des suffragans, il créa treize évêchés dans les villes les plus considérables de ces provinces. Cette distribution détacha de l'église de Liége tout le

AN DE J. C. 1559. diocèse de Namur, la plus grande partie de ceux de Ruremonde et de Malines, d'Anvers et de Bois-le-Duc; la ville de Louvain et son université furent unies au diocèse de Malines.

Ce projet avoit été formé par Charles-Quint, qui en avoit confié l'exécution au cardinal de Granvelle. Le roi Philippe se chargea de fournir trois mille ducats de rente aux nouveaux évêques, et le pape lui accorda, ainsi qu'à ses successeurs, le droit de nommer à ces évêchés.

Ces changemens firent une vive impression à Liége. On écrivit à Rome, et tout ce qu'elle accorda en dédommagement, fut le privilége de ne pouvoir être évoqué en première instance hors du pays, dans les causes ecclésiastiques.

L'évêque obtint aussi une bulle, pour forcer le clergé secondaire à contribuer dans tous les cas aux subsides et aux charges de l'Etat.

Robert ayant abdiqué, Gérard de Groesbeck qu'il s'étoit choisi pour coadjuteur, lui succéda.

1564. GÉRARD DE GROESBECK,

88.e Év.e

GÉRARD réforme les abus qui s'étoient glissés dans les tribunaux. Il avoit chargé d'habiles jurisconsultes de rédiger un code de lois.

Ce recueil est nommé la *Reformation de Groesbeck.*

Il s'élève un débat entre cet évêque et les bourguemestres, pour la garde des clefs de la ville. Le conseil décida qu'elles demeureroient entre les mains du magistrat, jusqu'à ce que l'évêque eût fait connoître son droit. Ce procès fut porté à l'empire.

Les seigneurs des Pays-Bas s'étoient soulevés contre le roi d'Espagne. On reçut à Liége un mandement impérial qui défendoit, sous peine de la vie, de prendre parti pour les rebelles. Le duc d'Albe fut envoyé contr'eux, à la tête d'une forte armée. Le prince d'Orange étoit sur les bords de la Meuse, et demandoit aux Liégeois la permission de traverser leur ville avec ses troupes : en attendant une réponse, il s'empara de Saint Trond, et sur le refus qu'on lui fit à Liége de le recevoir, il marcha contre la ville. Elle s'étoit mise en état de défense, et soutint le siége avec vigueur. Au premier bruit de l'approche du duc d'Albe avec une armée, il s'éloigna de la ville, et se contenta de brûler les faubourgs.

Gérard (1) fait un traité avec Philippe II,

AN DE J. C.
1566.

1568.

1569.

---

(1) Recueil des édits, to. 1, ch. 4.

roi d'Espagne, pour servir de confirmation à celui de l'an 1518.

Les métiers convoquent le conseil de ville, de leur propre gré, et sans l'aveu des bourguemestres ils rendent deux décrets. Le premier portoit que les échevins seroient à l'avenir exclus de la magistrature; le second, que le conseil s'assembleroit tous les quinze jours. Les bourguemestres protestèrent contre ces actes, disant que le peuple n'avoit point la faculté de s'assembler sans leur ordre. Le conseil fit cependant publier ses décrets au perron. Gérard les cassa: le conseil cria qu'on violoit ses libertés. Le prince répondit que la ville étoit à lui et à son église, qu'il n'appartenoit ni au magistrat, ni au peuple, de s'ériger en législateurs, et qu'il ne souffriroit pas qu'on méprisât son autorité. Il fit sur-le-champ défendre aux commissaires de se conformer aux recès de la ville. Les commissaires obéirent. Le conseil les cita: ils se présentèrent, et après plusieurs allées et venues, ils déclarèrent qu'ils ne pouvoient souscrire aux recès, sans violer leur serment.

Gérard occupé du procès qu'il avoit à l'empire, sur la garde des clefs de la ville, obtint des lettres de Maximilien : elles étoient adressées aux bourguemestres et au conseil. L'empe-

reur leur ordonnoit de remettre ces clefs à l'é- AN DE
vêque, toutes les fois qu'il le jugeroit à propos. J. C.
Il paroît cependant que ces lettres furent sans 1578.
effet, et que le procès demeura indécis.

Au milieu des troubles qui agitoient les puissances voisines de Liége, Gérard sut se maintenir dans une neutralité paisible, et se refusa à toutes les instances que lui firent les Etats belgiques, de prendre parti dans leurs querelles contre Jean d'Autriche.

Gérard meurt. Il avoit été fait cardinal et 1580.
abbé de Stavelot.

Plusieurs concurrens briguèrent l'évêché. Le duc d'Alençon, l'archiduc Mathias et le duc de Parme, étoient les plus redoutables. Le chapitre se détermina en faveur du prince Ernest de Bavière.

ERNEST DE BAVIÈRE, 89.ᵉ Ev.ᵉ 1581.

A son entrée dans la ville, ce prince prêta serment entre les mains des bourguemestres. Ayant reçu les clefs de leur main, il les leur rendit, en les exhortant à les garder fidèlement. Il se transporta au chapitre, et on lui lut une ancienne capitulation, qu'il jura d'observer.

Cette capitulation portoit que l'évêque ne pourroit céder son siége, se donner un coadjuteur, ni consentir au démembrement de l'évêché, sans l'aveu du chapitre, auquel il conserveroit la liberté des suffrages ; qu'il ne pourroit lever d'impôts, si les trois Etats ne le jugeoient convenable ; qu'il ne pourroit faire d'alliance, ni entreprendre de guerre, sans leur avis; qu'il tireroit du corps du chapitre le vicaire général, l'official et le chancelier; que les journées d'État se tiendroient à ses frais; qu'il ne pourroit être pensionnaire des rois, ni admis à leur conseil, si le chapitre n'y consentoit.

La plupart de ces articles sont encore en vigueur aujourd'hui.

L'archevêché de Cologne étant vacant, le prince Ernest y fut nommé. Il fut aussi élu administrateur de l'abbaye de Stavelot, et peu de temps après, évêque de Munster.

Ce fut alors qu'il fit agréer pour son coadjuteur, Ferdinand de Bavière, son neveu.

Le duc de Parme se rend aux eaux de Spa. Ce petit bourg fut honoré, en différens temps, par la présence de Henry III, roi de France, de la reine Marguerite de Navarre, et du czar Pierre-le-Grand.

Juste Lipse étoit alors à Liége, où il avoit été appelé par les bienfaits du prince Ernest.

Comme on étoit exposé aux incursions des Espagnols, les membres du conseil privé, du conseil ordinaire, les échevins et les commissaires, consentirent de monter la garde avec la bourgeoisie.

L'élection des bourguemestres s'étoit faite, depuis l'an 1424, suivant le réglement de Hinsberg. Les plaintes des bourgeois sur la mauvaise administration des deniers publics et les abus qui se commettoient dans la brigue des offices, déterminèrent le prince Ernest à réformer l'élection magistrale.

Son réglement portoit que tous les pères de famille seroient tenus de donner par écrit le nom du métier qu'ils auroient adopté, qu'à certain jour, les valets des métiers fourniroient un rôle au grand mayeur, et un autre aux bourguemestres, où seroient écrits les noms de tous ceux qui étoient du corps des métiers; qu'au son de la cloche, ils se rendroient dans leurs chambres; que le valet écriroit les noms de ceux qui seroient présens et mettroit dans une urne autant de boîtes qu'il se trouveroit de noms écrits; qu'entre ces boîtes il y en auroit trois colorées dans chaque chambre; que les noms de ceux à qui elles échérroient seroient balotés dans un panier et tirés au sort; que le premier venu seroit un des trente-deux électeurs; que les deux autres seroient les nouveaux jurés. Ce réglement devint une source de querelles. On y défendoit la brigue et la vente des suffrages;

on exigeoit à la rigueur que les bourguemestres fussent *nés et nationnés* ; on établissoit des collecteurs pour les deniers publics : les commissaires avoient été chargés par le réglement de Hinsberg de nommer les trente-deux électeurs des bourguemestres ; mais la corruption s'étoit mise dans leurs suffrages. Pour obvier à cet abus, Ernest transmit aux trente-deux métiers la faculté de nommer les électeurs ; mais il en résultoit de nouveaux inconvéniens, et le désordre étoit si grand, qu'il falloit souvent employer l'autorité d'un commissaire impérial pour le réprimer.

Au reste, les réglemens de cet évêque n'ont jamais eu force de loi, parce qu'ils n'ont pas été souscrits par les États.

Ernest possédoit cinq évêchés ; il mourut après un gouvernement assez paisible, et laissa le siége à Ferdinand de Bavière son neveu, qui lui succéda aussi dans l'archevêché de Cologne, dont il étoit coadjuteur.

FERDINAND DE BAVIÈRE,

90.e Év.e

La première année de son épiscopat fut marquée par des troubles.

Depuis plusieurs siècles, l'objet de ses prédécesseurs avoit toujours été de régler l'élection magistrale. C'étoit à cet effet qu'on avoit vu tant de réformes successives.

Il importoit peu, dans le fond, de confier l'élection aux métiers ou aux commissaires ; mais il n'étoit point égal que le magistrat usurpât la souveraineté, qu'il publiât des lois, sans l'aveu de l'évêque, qu'il eût le pouvoir d'armer le peuple ; c'étoient-là de vrais abus, mais qu'on ne réformoit point.

Ferdinand obtient de l'empereur Mathias un mandement pour abolir la forme de l'élection (1) pratiquée depuis l'an 1603, et rétablir le réglement de Hinsberg. Ce diplome indispose contre lui tous les esprits, et on ne put l'exécuter qu'en 1628.

Le grand vicaire de Liége est maintenu dans la possession où il étoit d'accorder des dispenses dans le troisième degré.

Ferdinand, sur les abus qu'il trouve dans l'administration de la justice et de la police, dresse un mémoire qu'il envoie à la chambre impériale. Il accusoit les bourguemestres d'avoir étendu leurs franchises ; d'usurper les droits d'exil et d'emprisonnement ; de s'attribuer le pouvoir de publier les ordonnances ; de vouloir

---

(1) Recueil des édits, tom. 1, chap. 2.

borner l'autorité suprême, en cassant les mandemens du prince; d'avoir créé des capitaines et fait prendre les armes aux bourgeois sans son aveu; d'avoir envoyé, de leur propre mouvement, des députations dans les cours étrangères; d'avoir convoqué les députés des villes de l'État, sans l'intervention de l'autorité souveraine; de s'être servi dans leurs lettres-patentes de ces mots: *Notre cité*, comme s'ils en étoient les maîtres, à l'exclusion du prince; d'avoir défendu à ses sujets qui s'étoient armés pour son service, d'exécuter ses ordres, et d'avoir arraché de ses prisons les coupables qu'il y retenoit.

On voit par ce tableau quelle étoit alors la puissance des bourguemestres. Les guerres civiles avoient rendu cette puissance presqu'illimitée.

L'État de Liége et le duc de Brabant font un traité sur les droits respectifs qu'ils avoient dans la ville de Maëstricht.

Ferdinand renouvelle à la chambre impériale les plaintes qu'il avoit formées contre le magistrat. Il obtient différens rescrits de l'empereur, qui enjoignoient à la bourgeoisie de se conformer au réglement de Hinsberg.

Presque tous les articles de son mémoire lui sont accordés. La sentence est signifiée au magistrat. Il y forme opposition. La cité fait des remontrances à l'empereur : elle obtient une révision favorable. La chambre défendoit à l'électeur d'en venir aux voies de fait pour l'appui de ses prétentions. Elle exhortoit en même temps le peuple à se conformer, pour l'élection magistrale, aux dernières ordonnances. {AN DE J. C. 1615.}

Tandis qu'on travailloit à Liége à se garantir des incursions militaires, le comte Henry de Bergue, officier au service d'Espagne, parut dans les faubourgs, avec des troupes. Le grand prévôt, chargé d'entrer en conférence avec lui et de l'éloigner, ne put y réussir. Le peuple crut que le prince et lui étoient d'intelligence avec le comte. Il courut armé au chapitre, enleva le prévôt et le conduisit à l'hôtel-de-ville. {1629.}

Le jour de l'élection magistrale étant venu, il y eut de grands débats sur la forme. Les bourguemestres furent d'abord élus conformément au rescrit impérial. Le peuple refusa de les reconnoître. Les métiers s'assemblèrent et firent une autre élection, suivant l'ancien procédé de 1603. Le prince en fut instruit. Il envoya demander les clefs magistrales aux régens qui n'osèrent les refuser.

L'année suivante, on se conforma enfin au réglement de Hinsberg. Mais Liége, triste vic- {1630.}

AN DE J. C. 1630.

time des guerres civiles, étoit encore tourmentée au dehors. Les Hollandais s'étoient unis au comte de Bergue et dévastoient la province. Le roi de France écrivit à l'archiduchesse et aux Etats-généraux, pour les prier de rappeler leurs gens de guerre, et de ne plus troubler le repos de ses anciens alliés. Il leur faisoit dire aussi par ses ministres à Bruxelle et à la Haye, que les excès commis par leurs troupes étoient contraires à la neutralité acquise au pays de Liége par les traités faits entre les couronnes de France et d'Espagne.

1731. Ferdinand consentit de paroître à Liége, et sa présence y ramena la paix. Il y eut une amnistie générale : on saisit ce moment pour publier un réglement sur la magistrature. En adoptant la réformation de l'an 1603, on y ajouta quelques modérations.

1632. On fit ensuite une ordonnance militaire : il y étoit dit que les bourguemestres, sur la réquisition des officiers, commanderoient les bourgeois, et feroient marcher la banlieue ; que le prince, pour faire prendre les armes au peuple, s'adresseroit aux officiers souverains de chaque quartier ; que les gentilshommes, les abbés, les monastères, armeroient leurs valets ; le chapitre et les collégiales, leurs sujets ; et que dans le temps où les surséans seroient en expédition militaire, on ne pourroit agir contr'eux en justice ecclésiastique ni séculière; ils devoient être même indépendans du tribunal des vingt-deux. Mais le conseil de ville protesta contre ce dernier article.

Il se formoit alors dans la ville deux partis, les uns appelés les *Grignoux*, étoient pour la cité; les autres, dits les *Chiroux*, étoient pour le prince.

Ferdinand ayant convoqué les Etats, les factieux firent faire un recès au conseil de ville, par lequel ils refusoient de paroître à la journée.

Ferdinand qui étoit absent, publia un manifeste pour se plaindre de cet attentat, et de quelques autres commis par la magistrature. Le bourguemestre la Ruelle y répondit au nom de la cité. Il reprochoit aux ministres du prince d'avoir obtenu, par surprise, des mandemens impériaux, et d'avoir fait venir dans le pays deux régimens allemands pour le tyranniser.

Dans ce temps, le maréchal de Chatillon, vainqueur des Espagnols, avoit fait le sac de Tillemont. Il parut à Liége un imprimé, dont je me permettrai de citer des fragmens. Les Liégeois n'ayant aucun intérêt dans l'événement, on ne voit pas quel étoit le motif de cette diatribe.

[marginalia: AN DE J. C. 1632. 1635.]

« O France (1) ! s'écrie l'auteur, mère de
» cruauté autant que d'inconstance !.... France
» misérable ! tes traîtres seront cause qu'on
» étouffera pour jamais, si tôt tu n'y prends
» garde, ta grandeur, ta gloire et ton repos.

» Ce sont ces Français, ajoute-t-on, qui pu-
» blient dans leurs manifestes qu'ils font entrer
» des troupes dedans ces provinces pour nous
» délivrer de l'oppression des Espagnols, et ce
» sont les premiers qui entrent dans nos villes
» pour brûler nos églises, ensanglanter nos vil-
» lages et campagnes. La Nation française, in-
» solente et superbe, veut toujours dominer
» partout où elle se trouve ».

On nous appelle, dans cet écrit, démons, tigres, mamelucks, cannibales, mégères, alectons, lestrigons. « La France, dit-on, qui a
» outragé, pillé, déchiré et foulé aux pieds tout
» le monde, sera bientôt saccagée, brûlée,
» pillée, déchirée et foulée aux pieds de tous,
» etc. ».

La cité se plaignoit de Ferdinand aux tribunaux de l'empire ; le chapitre, à la cour de Rome. Dans un mémoire qu'il adresse au pape,

―――――

(1) *De Rebus leodiensibus*, to. 1 ; dans un écrit intitulé : Relation de la prise de Tillemont par l'armée française.

il dit que l'évêque établissoit sur le peuple des impôts onéreux; que les brigandages commis sous son règne, par les troupes étrangères, avoient forcé plus de dix mille catholiques à se réfugier chez les protestans; que le prince avoit sollicité, pour la ruine de son pays, le secours du duc de Lorraine; qu'il y avoit envoyé le colonel Jean de Wert avec des troupes; que depuis son élection, il avoit obtenu des Etats plusieurs millions de florins; qu'il avoit même enlevé du Mont-de-Piété, à l'insu du chapitre, et au détriment des pauvres, 75,000 florins; qu'il avoit eu des Etats, en 1629, 120,000 patagons, et en 1631, 150,000; que les députations, les lettres ni les prières, n'avoient pu l'engager à honorer les Etats de sa présence; que dans l'espace de vingt-trois ans, il n'y avoit résidé que six mois; que son absence avoit occasionné les désordres de ses ministres et des soldats étrangers. Le saint père répondit qu'il exhorteroit l'évêque à cesser de tourmenter son peuple.

AN DE J. C. 1636.

Ferdinand étoit oncle de l'empereur, archevêque de Cologne, légat du Saint Siége, évêque de Paderborne et de Munster, abbé de Stavelot, comte palatin du Rhin, duc des deux Bavières. Il regardoit l'évêché de Liége comme un de ces bénéfices dont on perçoit de loin les revenus. Son absence laissoit la ville en proie

AN DE J.C. aux divisions : les Espagnols soutenoient le parti du prince. L'abbé de Mouzon, envoyé de France, animoit secrètement la faction contraire, à la tête de laquelle étoit le bourguemestre la Ruelle. Le prince, pour s'en délivrer, prit la résolution de les faire assassiner.

1637. Le marquis de Leyde (1) vint à Liége, et s'aboucha avec le comte de Warfuzée. Ce dernier invite à un festin l'abbé de Mouzon, le bourguemestre, le baron de Saizan, officier français, et toute sa famille. Au milieu du repas, le comte porte au résident la santé du roi. C'étoit le signal. Au même instant, un moine espagnol entre, l'épée à la main, et suivi de plus de soixante satellites. C'étoient des soldats tirés des garnisons du roi d'Espagne, qu'on avoit conduits secrètement dans la ville. « Nous » avons porté, dit Warfuzée, la santé du roi de » France, il faut maintenant porter celle de » l'empereur et de l'évêque de Liége ». Il se lève, et montrant du doigt la Ruelle, il ordonne de le saisir, lui, l'abbé de Mouzon et le baron de Saizan. Les soldats demandant quel étoit l'abbé, « c'est moi, dit le résident lui-même, en se » levant ». On le tint prisonnier dans la salle, avec les autres convives : la Ruelle fut traîné

---

(1) *De Rebus leodiensibus*, to. 2.

dans une chambre voisine. Warfuzée fit venir deux moines pour le confesser, et les assassins le tuèrent à coups de sabres, d'épées et de poignards. Ses cris perçoient jusqu'à la salle où étoit l'assemblée. Un domestique vint annoncer le meurtre : les femmes hurloient. La baronne de Saizan voulut fuir, on lui présenta le bout des carabines, et elle fut repoussée violemment. L'abbé de Mouzon se promenoit tranquillement au milieu des gardes, et s'adressant à un capitulaire qui étoit présent : « Vous porterez vos »plaintes au chapitre, lui dit-il, de la violence »dont vous êtes témoin : qu'elle soit vengée, s'il »veut sauver son pays du châtiment qu'en feroit »le roi mon maître, pour un attentat commis »contre sa majesté que je représente, contre le »droit des gens et la liberté publique ». Le comte survint. L'abbé de Mouzon lui reprocha fortement le crime dont il s'étoit souillé. « Ne »sais-tu pas, dit Warfuzée, que je tiens ta vie »entre mes mains ». — « Je le sais, dit l'abbé; »mais pour un serviteur que le roi perdroit en »moi, il en trouvera mille qui le serviront »mieux ; et si je vis, je te ferai châtier un jour »comme tu le mérites ». Warfuzée sortit en disant : « Je ne crains rien, j'ai dix mille hom- »mes prêts à seconder mon dessein ».

Cependant le bruit se répandit dans la ville,

AN DE J. C. 1637.

AN DE J. C. 1637.

que la Ruelle étoit assassiné. Les bourgeois accoururent autour de la maison, armés de carabines : un ancien bourguemestre fit traîner un canon à la porte : le domestique de l'abbé de Mouzon faisoit des signaux sur le toit, pour annoncer le besoin de secours. On frappe à grand bruit. Warfuzée ouvre lui-même, et déclare au peuple qu'il a fait mourir la Ruelle par l'ordre exprès de l'empereur ; que c'étoit un traître; qu'il avoit promis de livrer la ville aux Français : on en demande la preuve. Il produit de faux papiers, qu'il supposoit avoir été signés par le bourguemestre : on méconnoît sa signature. Le peuple se précipite en foule dans la maison : à l'aspect du cadavre, il s'élève un cri général; mille fusils sont tournés contre les soldats, qui mettent bas les armes. On court à Warfuzée, qui s'étoit jeté sur un lit, tremblant d'effroi : on l'arrache de son asyle; dans un instant, il tombe percé de coups. On le dépouille, on le lie par les pieds, et la populace le traîne à une potence : ses membres sont bientôt mutilés et dispersés dans tous les quartiers de la ville.

On trouva dans ses papiers une déclaration du prieur des Carmes, qui lui promettoit, sous le serment, de ne rien déclarer; une lettre du ministre d'Espagne aux Pays-Bas, qui l'assuroit de son pardon; une autre de l'évêque Ferdinand qui approuvoit son dessein, et le sollicitoit d'en hâter l'exécution.

AN DE J. C. 1637.

L'infant, gouverneur des Pays-Pas, écrivit au magistrat qu'il étoit assuré du complot formé par les Liégeois rebelles, de livrer la ville aux Français. L'abbé de Mouzon déclara par écrit, au nom du roi, que l'intention de sa majesté étoit de maintenir la neutralité dans le pays de Liége, de le garantir de l'oppression, et d'employer ses armes contre les ennemis communs.

La vengeance du peuple n'étoit point assouvie. On avoit dressé dans le marché une potence, où l'on pendoit les *Chiroux*. La violence étoit portée au point qu'on tiroit les bourgeois de leurs maisons pour les traîner au supplice. Le chapitre étoit sequestré; on le tenoit bloqué dans son enclos. A la première émeute, on couroit chez le chancelier pour l'égorger : une troupe de forcenés traversoient les rues, le poignard à la main, criant aux *Chiroux* ; massacrons cette maudite engeance de prêtres.

Les métiers bannirent une multitude de patriciens, de consuls et de gens d'église. Le prince fit demander au magistrat à quel titre il s'attribuoit le droit d'exiler les bourgeois? Il y eut des pourparlers. Le comte de Rochefort, député par Ferdinand, offroit des conditions de paix.

AN DE J. C. 1637. Plusieurs mois se passèrent en conférences et en écrits envoyés de part et d'autre, lorsqu'au moment où les Espagnols, agens secrets de Ferdinand, alloient s'emparer de la ville, le magistrat éventa leur dessein ; le prince alors, rompant toute voie de négociation, résolut de porter la guerre dans ses Etats.

1639. La cité publia un manifeste, sur ce qu'au mépris de la neutralité dans laquelle tous les souverains la maintenoient, quelques puissances étrangères s'étoient unies à ses ennemis pour lui faire la guerre.

Elle envoya des députés à Louis XIII, qui lui témoigna combien il étoit touché des entreprises faites contr'elle et contre sa neutralité. Il l'exhortoit à s'y opposer, et lui promettoit sa protection.

Ce monarque écrivit au prince de remédier promptement à cet abus, qu'autrement il seroit obliger d'ôter à ses ennemis, par les armes, les avantages qu'ils tiroient de leur séjour dans ce pays.

Le magistrat, de concert avec le chapitre, avoit levé des milices pour mettre la cité à couvert des incursions des Espagnols. Au milieu des négociations qui se renouoient avec le prince, on fut étonné de voir arriver trois mille Lorrains. Ferdinand offrit de les faire chasser par ses gens de guerre, si l'on vouloit licencier les milices : on ne donna pas dans ce piége. Tout paroissant se disposer à une guerre ouverte, les nouveaux bourguemestres, le lendemain de leur élection, se transportèrent au chapitre, le forcèrent de s'assembler et de compter, pour les besoins de la cité, 96,000 florins. Les chanoines, effrayés de cette violence, payèrent et sortirent de la ville.

Au moment où les troubles sembloient ne pouvoir s'appaiser, la paix se fit à Tongres (1).

On y renouvela les anciennes paix ; on y confirma la neutralité de la cité avec tous les souverains, sous les auspices du Saint-Empire ; on statua que l'élection du magistrat se feroit suivant la réformation de 1603 et l'addition de 1631 ; que quant aux points en litige à la chambre impériale, sur les droits du prince et ceux de la cité, on se régleroit provisionnellement, suivant les lois et les paix anciennes.

Cette neutralité dont il a si souvent été question, avoit commencé sous Louis de Bourbon, suivant les historiens Fisen et Foulon (2).

Après la mort de Charles le Hardi, Louis XI

---

(1) Recueil des édits, tom. 1, ch. 2.
(2) Fisen, lib. 6.
Foulon, part. 2.

AN DE J. C. 1640.

pressoit les Etats d'entrer dans une nouvelle guerre contre Marie de Bourgogne; mais ils prirent le parti de demeurer neutres. La neutralité fut approuvée par l'empereur Maximilien, et dans la suite, par Charles VIII, roi de France; renouvelée par le traité de Tillemont, en 1654, et confirmée par Ferdinand III, les rois de France et d'Espagne.

L'abbé de Mouzon, qui avoit fait un voyage à Paris, fut renvoyé à Liége, et trouva la paix entamée. Cette paix avoit produit une révolution dans les esprits, et il s'en aperçut à son arrivée. On lui fit essuyer mille désagrémens. Il écrivoit à un ami, qu'il avoit trouvé le peuple changé; qu'on l'accusoit d'entretenir la discorde; qu'il avoit couru le plus grand danger; que, la paix publiée, son ministère devenoit inutile à Liége, à moins qu'on n'eût envie de voir bientôt ses bénéfices vacans, et que le prince paroissant à Liége, il en devoit sortir, s'il ne vouloit jouer un fâcheux personnage (1).

Cette lettre fut interceptée à Bruxelles par le gouverneur des Pays-Bas, qui l'envoya aux bourguemestres. On intercepta de même une autre lettre qu'il écrivoit au ministère, et dans laquelle il faisoit le détail des outrages qu'il

---

(1) *De Rebus leod.* tom. 2.

avoit soufferts. Il disoit que le lendemain de son arrivée à Liége, on y avoit pris les armes pour l'assassiner par les ordres des agens du prince, et sous prétexte qu'il ne revenoit que pour troubler la paix; que le prince ayant paru à Liége, s'étoit détourné pour ne point passer devant sa maison; qu'on publioit tous les jours des chansons injurieuses au roi, à son ministre et à la nation; qu'on l'appeloit traître; qu'on lui avoit défendu le port des armes, pour lui ôter les moyens de se garantir des entreprises qu'on formoit contre sa vie; qu'on avoit promis dix mille écus à celui qui l'assassinéroit; qu'on avoit arrêté un de ses domestiques; qu'on l'avoit mis à la torture, pour lui arracher des aveux contraires au service du roi; qu'on avoit forcé sa maison, pour y faire des recherches; que le grand mayeur s'y étoit présenté muni de la clef magistrale, pour la faire ouvrir, comme si la maison du roi n'eût pas été à l'abri de ces visites; qu'on avoit tiré contre ses fenêtres des coups de carabine; que le prince, pendant cette exécution, s'étoit renfermé dans une maison de campagne, pour paroître l'ignorer; que les bourguemestres rodoient sans cesse dans son quartier, pour le rendre suspect au peuple; qu'enfin il avoit pris le parti de sortir de Liége et de se retirer à Maëstricht; qu'après sa sortie les bour-

AN DE J. C. 1640.

guemestres avoient fait changer les serrures des portes de la ville, pour faire soupçonner qu'il en avoit de fausses clefs : il finissoit par demander son rappel.

Il paroît que les Liégeois avoient envoyé contre ce résident des libelles au ministère de France. Ils publièrent aussi contre lui des manifestes dénués de raisons, mais pleins de fiel : les écrits satyriques sont les armes les plus communes de cette nation. Cependant, leurs députés furent longtemps à solliciter une audience, et l'ayant obtenue, ils se bornèrent à nier une partie des faits établis par l'abbé de Mouzon et à rejeter l'autre sur des particuliers.

Le résident écrivit de Maëstricht à la bourgeoisie de Liége, une lettre qui contenoit un exposé de ses griefs. Il y faisoit sentir l'indécence d'avoir intercepté les paquets du roi, pour en apprendre les secrets, et de les avoir publiés ; il ajoutoit que cette paix, préjudiciable au service de sa majesté, ne lui avoit pas été communiquée comme leur devoir les y obligeoit ; que différens chefs en étoient suspects ; que la clause qui mettoit le château d'Huy sous la protection du roi d'Espagne, violoit la neutralité ; qu'ils alloient dans les pays ennemis du roi sans passe-ports français, et n'osoient aller en France sans les passe-ports ennemis ; qu'ils avoient arrêté la levée des troupes que faisoit le colonel Valmont pour le service de France; qu'ils n'y envoyoient des députés que parce qu'ils étoient pressés par les Hessois et qu'ils sentoient le besoin de l'appui d'un grand roi (1).

AN DE J. C.
1640.

Messieurs d'Avaux et Servien allant à Munster, furent si choqués des procédés de ce peuple à l'égard d'un ministre du roi, que traversant Liége dans des barques sur la Meuse, ils refusèrent de descendre, malgré les instances du magistrat, qui les fit saluer du canon et qui fit ranger toute la bourgeoisie en haie sur le rivage.

1643.

Marie de Médicis, mère des rois de France, d'Espagne et d'Angleterre, étant morte à Cologne en 1642, son corps fut amené à Liége. Tout le clergé l'alla recevoir. Les jésuites anglais lui dressèrent un mausolée dans l'église cathédrale. Le service funèbre fut célébré pendant trois jours. On le porta avec la même pompe dans la barque d'Huy, et le seigneur de Pugny le conduisit en France.

Le bruit courut que les Chiroux, fiers du triomphe de leur parti, vouloient présider à l'élection du bourguemestre. Le peuple s'as-

1646.

―――――――

(1) *De Rebus leod.* tom. 2.

AN DE J. C. 1646.

sembla dans le marché. Les Grignoux, supérieurs en nombre, attendirent les électeurs à la sortie de leurs chambres, et les menèrent dans un couvent, où ils firent paisiblement leur choix. La nuit suivante, ils assemblèrent les paysans des villages voisins et s'emparèrent de la maison de ville. Le chapitre se réfugia dans le palais; mais ne s'y trouvant pas en sûreté, il en sortit.

Les Grignoux installèrent leur bourguemestre, forcèrent le palais, en prirent les meubles et les papiers, pillèrent tous les cabinets et ouvrirent les prisons. Les bannis rentrèrent en grace. On parla de poursuivre criminellement ceux du parti contraire qui avoient pris les armes le jour de l'élection. Le conseil sollicita les échevins de former l'enquête. Ils le refusèrent. Le magistrat, par un recès, ordonna à tous les Chiroux de sortir de la ville.

Le congrès s'ouvroit à Munster. Les bourguemestres et le conseil furent d'avis que chaque Etat y envoyât son député pour être compris dans le traité et pour représenter les droits du pays sur les terres d'Agimont, de Philipeville et de Marienbourg. On résolut en même temps d'envoyer une autre députation au roi de France, pour lui faire d'humbles excuses des violences commises contre l'abbé de Mouzon et lui demander sa protection pour le maintien de la neutralité.

Pour fournir aux frais des deux missions, le magistrat établit, du consentement des trente-deux métiers, un impôt de vingt patars sur chaque cheminée (1).

Les échevins qui avoient refusé de faire le procès aux Chriroux, menacés d'y être forcés par le peuple, prirent le parti de sortir de la ville. Alors le magistrat s'empara de toute l'autorité.

Le chapitre pressoit Ferdinand de se rendre à Liége. Ce prince ayant appris que les bourguemestres avoient établi l'impôt d'un dixième, cassa leur recès. Ils déclarèrent ne pas reconnoître son mandement, et ils ordonnèrent la continuation de l'impôt (2). Au premier bruit de son approche, ils firent fermer les portes de la ville et prendre les armes aux bourgeois: le chancelier fut gardé par leurs soldats: ils allèrent chez lui et l'avertirent d'écrire au prince de ne pas se présenter, qu'autrement ils avoient fait charger leurs canons, et qu'on feroit feu

---

(1) Recès du Conseil, du 28 janvier 1647.
(2) *Idem*, du 16 novembre 1647.

AN DE J. C. sur sa personne (1); qu'ils avoient 4000 hommes sous les armes, et qu'ils ne souffriroient pas qu'il entrât dans la ville. Le chancelier fut forcé d'obéir.

1648. Peu de jours après, un bourgeois entre chez lui, couvert d'un manteau sous lequel il cachoit ses bras; il l'aborde, et en lui parlant, Il lui plonge un couteau dans le ventre. Le chancelier pare plusieurs coups et tombe enfin baigné dans son sang. Il fut longtemps à se rétablir de ses blessures. Dès qu'il put marcher, il se déguisa et sortit de la ville.

Le prince poursuivoit sa route (2). En approchant de Liége, il envoya un seigneur de sa suite pour entrer en conférence avec les bourguemestres. Le député porta les paroles de Ferdinand : les bourguemestres repondirent que tous les citoyens mourroient plutôt que d'entendre à aucun accord; qu'ils étoient assurés de la protection des Français, et qu'ils avoient 3000 hommes pour se défendre; qu'on les avoit trompés par la paix de Tongres, mais qu'on ne les abuseroit plus; qu'ils demandoient, qu'avant de se présenter, le prince fît mourir

---

(1) Procès-verbal du chapitre, *De Reb. leod.* to. 6.
(2) Procès-verbal du député, *idem.*

tous les Chiroux, et qu'alors, ils verroient ce qu'ils auroient à faire.

AN DE J. C. 1648.

Ferdinand, qui étoit déjà aux portes de Liége, retourna sur ses pas, et prit la route de Visé. Il y assembla les Etats et leur demanda leur avis sur la conduite qu'il devoit tenir. On résolut d'écrire au magistrat, pour le rappeler à son devoir, et lui faire sentir les dangers d'une plus longue résistance aux volontés du prince. Le magistrat répondit que l'amour de la patrie étoit le seul motif de ses actions et qu'il vouloit y persister.

Ferdinand évoqua son chapitre à Huy : il y tint une nouvelle assemblée d'Etats, et pour justifier cette irrégularité, il produisit une bulle du pape Clément VI, adressée, dans une conjoncture pareille, à l'évêque Englebert de la Marck. Le pape lui accordoit, et à ses successeurs, le droit de transférer le chapitre cathédral, les collégiales et toutes les cours ecclésiastiques de la cité, dans tout autre lieu du diocèse, quand le peuple de Liége se révolteroit.

Les chanoines de Saint Lambert qui étoient à Liége, protestèrent contre cette évocation, fondés sur l'usage immémorial des évêques, de ne faire aux Etats leurs propositions que dans le chapitre cathédral de Liége. Les autres souscrivirent à la translation.

La cité publia un manifeste où elle se plaignoit que la neutralité, autorisée par les puissances voisines, et reconnue pour la base de la république, étoit depuis trente-cinq ans en butte à l'animosité du prince et de ses ministres; qu'on avoit tout mis en œuvre dès l'an 1629, pour incorporer la cité dans la ligue d'Allemagne, et que dans cette vue, les troupes luthériennes étoient venues jusqu'aux portes de la ville; on rappeloit tous les dommages que la province avoit soufferts des guerres suscitées pour la contraindre à s'engager dans les contributions circulaires.

Les Liégeois, qui avoient déjà refusé de payer leur cote des taxes de l'empire, paroissoient ne reconnoître l'empereur que comme un protecteur, et ne se croyoient sujets aux charges de leur cercle, qu'en cas de guerre contre les infidèles, ou dans un péril pressant de tout le corps germanique.

Ils appuyoient leurs prétentions sur l'article 7 de la paix de Tongres, où il étoit spécifié « que » l'Etat de Liége, demeurant sous les actes, la » fidélité et l'obéissance dues au Saint Empire, » avec obligation des contributions en la guerre

»contre les Turcs, ne seroit sujet, ni n'entre-
»roit en contribution envers les princes et Etats
»voisins, cercle ou ligue, quelle elle pût être ».

AN DE
J. C.
1648.

Ferdinand, lassé d'une indépendance qu'il trouvoit sans cesse en opposition avec sa volonté, donna ordre aux officiers généraux d'assembler toute la milice. Il se trouva dans peu de jours 40,000 hommes sous les armes. Dès qu'on leur eut notifié leur destination, ils crièrent tous d'une voix qu'ils vouloient servir la cité, et l'armée tourna le dos.

Le prince, offensé de cette défection, fit suspendre à Liége l'exercice de la justice et, sous peine de privation d'office, évoqua toutes ses cours à Huy. Les tribunaux obéirent. Le conseil manda les échevins, ils refusèrent de se présenter, furent jugés par contumace et proscrits. On vendit leurs meubles, et les bourguemestres se chargèrent de leur office. La portion du chapitre, qui étoit restée à Liége, créa un nouveau tribunal de vingt-deux. Le magistrat envoya des députés à Louis XIV, alors occupé des guerres de la Fronde. Ils furent accueillis avec bonté, et rapportèrent à Liége des lettres du roi. Elles furent lues dans le conseil. On les fit imprimer et afficher dans toute la ville; on chanta le *Te Deum*, et pendant trois jours, il y eut des réjouissances publiques, des illuminations et des processions générales, comme pour une victoire (1).

La lettre du roi étoit adressée aux bourguemestres, aux jurés et au conseil de la ville. Elle portoit que S. M. ayant reçu leurs excuses sur ce qui s'étoit passé dans leur ville contre l'abbé Mouzon, et s'étant éclaircie que cette entreprise avoit été faite sans la participation des bons bourgeois, elle avoit été satisfaite en ce point des témoignages de leur sincérité; que pour ce qui regardoit leur neutralité, ils en devoient attendre de son côté une exacte observation et son assistance contre tous ceux qui la voudroient enfreindre, dans la seule vue de leur accorder sa protection pour le maintien de leurs franchises et de leurs libertés (2).

Le grand doyen étant mort, les chanoines qui se trouvoient à Huy, donnèrent sa place à Maximilien Henry, neveu de Ferdinand, et son coadjuteur à l'archevêché de Cologne. Maximilien fit marcher des troupes bavaroises pour soutenir son élection par les armes, et vint camper à deux lieues de Liége. Il occupoit déjà les faubourgs, quand on reçut dans la ville un mandement de Ferdinand, qui offroit une amnis-

---

(1) *De Reb. leod.* Recès du conseil, du 3 janvier 1649.

(2) Lettre de S. M. du 17 décembre 1648.

tie générale. Il ne demandoit que cinq têtes pour la satisfaction de sa justice. Le général Spaar, suivi de 4,000 Allemands, et de quelques pièces d'artillerie, s'étoit joint aux troupes de Maximilien. Fléron et Jupile étoient pris. On s'étoit emparé des hauteurs de la Chartreuse, et le canon qu'on y avoit placé incommodoit la ville. Le magistrat fit demander à Spaar qu'on interrompît les hostilités, que les troupes de l'électeur sortissent de la banlieue, et qu'on fît choix d'un endroit sûr pour la conférence à laquelle la ville étoit disposée. Maximilien se contenta de répondre qu'il ne traitoit point avec des rebelles; qu'il venoit au nom de leur évêque, punir des sujets factieux qui avoient osé lui fermer les portes de la ville, et que leur unique parti étoit de recourir à sa clémence. On les renvoya sur cette réponse, et on leur refusa la suspension d'armes qu'ils demandoient. Les hostilités recommencèrent: mais au moment où Spaar, ayant fait approcher son artillerie, se disposoit à battre les murailles de la ville, il s'éleva, dans différens quartiers, une multitude de voix qui vouloient la paix. L'un des bourguemestres, s'opposant à ce cri général, fut arrêté, traîné à l'hôtel-de-ville et chargé de chaînes. On députa vers Spaar, pour renouer la négociation. On demandoit une amnistie générale. Spaar répondit que le prince se borneroit à un petit nombre de victimes, qui pourroient même implorer sa clémence; qu'à l'égard de la neutralité, elle seroit religieusement observée. Cette capitulation fut signée au monastère de Saint Gilles (1).

Mais pendant que les députés traitoient avec Spaar, ses troupes s'emparoient d'une porte de la ville, et sur cette nouvelle, on se hâta de conclure. Les Allemands se répandirent dans tous les quartiers. Maximilien en fut averti et vint à Liége. Il avoit fait défendre aux bourgeois de se mettre sous les armes. A son arrivée, il se fit apporter la clef magistrale et celles des portes de la ville, qui avoient toujours été gardées par les bourguemestres; il cassa toutes les ordonnances faites par les *Grignoux*, fit abattre la statue de bronze qu'on avoit élevée dans le marché à l'un des défenseurs du parti de l'opposition, rappela le grand mayeur, le chapitre et les échevins, et fit condamner à mort, par une sentence des échevins, les deux bourguemestres qui étoient dans les fers. On leur trancha la tête et elle fut exposée sur la porte même qu'ils avoient fermée à leur prince.

L'électeur de Cologne, après l'expédition de

---

(1) Recueil des édits, to. 1, ch. 2.

son neveu, parut à Liége. Il y publia une nouvelle *réformation* pour l'élection magistrale(1). Il défendit les assemblées des métiers; on régla, qu'à l'avenir, ils seroient représentés par les bourguemestres et le conseil. Les échevins furent exclus de la magistrature. Quant à la forme de l'election, elle resta la même; mais au lieu de trente-deux électeurs, on en nomma quarante-quatre.

AN DE J. C. 1649.

Cette forme a duré jusqu'en 1676. Les Français ayant fait sauter la citadelle qui avoit été batie après l'an 1649, et qui tenoit le peuple en respect, il reprit le réglement de 1603 sans le consentement du prince, ce qui réveilla l'ancien débat.

L'état tiers étoit alors composé des bourguemestres, du conseil, des électeurs et du siége des commissaires : c'étoit à ces derniers qu'on présentoit les personnes destinées à la magistrature, et ils jugeoient de leur competence.

L'électeur voulant se donner un successeur à Liége, obtint du chapitre la coadjutorerie, en faveur du prince Maximilien Henry, son neveu.

Maximilien proposa d'abord de faire cons-   1650.

---

(1) Recueil des édits, tom. 1, chap. 2.

AN DE
J. C.
1650.

truire une citadelle, pour tenir la ville en respect. Les Etats y consentirent : il n'éprouva d'opposition que de la part de plusieurs seigneurs de l'état noble; mais il fit exécuter son projet sans s'arrêter à leurs protestations. Maximilien, blessé d'une remontrance qu'ils lui firent sur le même objet, leur défendit l'entrée de la ville et permit de les tuer en cas de résistance. Telle étoit sa manière d'applanir les difficultés. Ce prince avoit le despotisme dans la tête et une multitude de bras disposés à le servir. Il vouloit dompter tous ces nobles qui se cantonnoient dans leurs châteaux et qui, à l'ombre du gouvernement féodal, s'étoient crus souverains. Ses premiers pas dans l'administration, marqués par des actes de rigueur, firent trembler la noblesse, et il ne trouva partout que la soumission.

MAXIMILIEN HENRY DE BAVIÈRE,

91.e Év.e

LE prince Ferdinand venoit de mourir après un règne orageux de trente-huit ans : il en avoit employé trente-cinq à faire la guerre à son peuple, et n'avoit connu ni ses forces ni le génie liégeois.

Tandis que Maximilien célébroit les obsèques de Ferdinand, il fit afficher un édit qui établissoit un impôt sur tous les grains, et, après le service, il partit pour Bonn. [AN DE J. C. 1650.]

On avoit achevé les travaux de la citadelle, et la garnison allemande qu'on y avoit placée, n'étant point payée, se mutina. Au premier bruit de l'émotion, Maximilien parut à Liége, fit saisir neuf des principaux auteurs de la révolte, et les fit conduire enchaînés dans tous les quartiers de la ville. Le lendemain, on les trouva pendus.

Après cette exécution, Maximilien assuré du consentement de l'empereur et de celui de la France, perfectionna l'ouvrage de la citadelle. Il fit marcher vers la Hesbaie une garnison allemande, dont une partie fut dispersée dans les places fortes, l'autre destinée à réprimer les courses des Lorrains. Leur prince disoit avoir été appelé dans le pays par la noblesse, et demandoit un tribut pour en sortir. Il prit Tongres, Vareme, et le château de Hologne. [1651.]

Le prince de Condé, à la tête des Espagnols, emporta Couvin et Cincy, repassa la Meuse, s'empara de Florine, de Forse et de Châtelet.

Maximilien Henry, de retour de la diète, où Ferdinand IV avoit été élu roi des Romains, trouva son pays en proie aux incursions de l'ennemi, et divisé par des querelles domesti- [1652.]

ques. Le magistrat vouloit assujétir le clergé à la taxe du vingtième denier imposé sur tous les biens de la ville. Le clergé l'excommunia : les bourguemestres firent saisir, par des archers, ceux qui s'étoient chargés d'insinuer la sentence, et cette affaire n'eut point de suite.

Maximilien brouillé avec la noblesse, et privé des secours de la bourgeoisie qui regardoit les Lorrains comme les défenseurs de sa neutralité, eut recours au cercle de Westphalie. On y proposa de faire une ligue, pour obliger le prince de Condé et le duc de Lorraine à sortir des terres de l'empire. Mais le péril étoit pressant : ils avoient déjà pris Looz, et une partie de la Campine. Le comte de Longueville avoit passé la Meuse, et insulté le bourg de Stavelot.

Le cercle de Westphalie se plaignit de ces hostilités à l'empereur, qui donna sur-le-champ l'ordre de faire défiler des troupes dans le pays de Liége, aux frais communs du cercle. Les forces des électeurs de Mayence et de Trèves, se réunirent à celles de Liége : les secours des autres princes d'Allemagne arrivèrent presqu'au même temps : ils furent soutenus par un renfort de 9000 Français, commandés par le marquis de Faber, qui vint camper auprès de Liége. On marchoit vers les Pays-Bas, quand l'archiduc Léopold proposa une surséance d'armes. Le congrès se tint à Tillemont, et la paix fut conclue entre les députés de l'archiduc et ceux du prince de Liége, en présence d'un commissaire impérial (1).

AN DE J. C. 1654.

Il y fut stipulé que le pays de Liége seroit maintenu inviolablement dans sa neutralité; que les troupes des confédérés en sortiroient; que S. M. C., en vertu de la neutralité, pourroit faire passer ses armées par les Etats de S. A., en le lui dénonçant, ou, en son absence, à son conseil; que le traité de l'an 1546, sur l'échange de Herstal, seroit exécuté, et que les dommages causés par les troupes du duc de Lorraine, seroient réparés. Ce traité fut ratifié par l'empereur, et par les rois de France et d'Espagne.

Malgré la clause du traité, qui concerne la seigneurie de Herstal, il y eut de fréquens débats sur la souveraineté de la partie cédée au prince de Liége, par sa majesté catholique. Maximilien, en 1658 (2), publia une ordonnance pour le maintien de ses droits contre le prince d'Orange, seigneur de Herstal. Il établit que le domaine direct de ce fief ayant appartenu au roi d'Espagne, et le transport en ayant été fait à l'église de Liége, par l'échange de Ma-

---

(1) Recueil des édits, tom. 1, ch. 4.
(2) *Idem*, to. 4.

AN DE rienbourg, il étoit constant, suivant le droit
J. C. commun et féodal, que ce transport avoit pu
1654. être fait contre le gré du vassal, avec le droit universel que le seigneur souverain avoit sur sa terre. Le roi de Prusse ayant hérité des biens que le prince d'Orange avoit laissés dans les Pays-Bas et la principauté de Liége, fit d'abord, en 1702, le relief de cette terre à l'église de Liége (1); mais en 1732, le même roi déclara, par une ordonnance publiée à Herstal, qu'on eût à l'en reconnoître pour souverain.

Georges Louis (2) a protesté contre cette ordonnance, et dans les écrits de ce temps, on fit voir que Herstal n'avoit jamais dépendu de Maëstricht, mais de l'empire, comme appendice du Brabant, dans la suite du Brabant même; enfin de l'église de Liége, et qu'il lui étoit resté de droit. Elle l'a acquis depuis, pour une somme d'argent donnée au roi de Prusse.

Le grand prévôt du chapitre se plaignoit hautement de la construction de la citadelle, du grand nombre d'impôts dont on accabloit le peuple, pour l'entretien de la garnison, et de l'engagement pris avec la France, qui alloit rendre le prince suspect à la maison d'Autriche.

---

(1) Recueil des édits, to. 4.
(2) *Idem*.

Maximilien, informé de ces propos, le fit arrê- {AN DE J. C. 1654.} ter par ses gardes, conduire à la citadelle, et transférer ensuite au-delà du Rhin. La ville fut en alarmes : le grand doyen fit cesser le service; l'église fut fermée ; les chanoines assemblés dressèrent une protestation contre cette violence et en demandèrent la réparation au prince. Il partit pour Bonn, sans les avoir satisfaits. On députa vers le nonce, qui, après quelques conférences tenues avec le prince, obtint enfin l'élargissement du grand prévôt.

Maximilien ne se montroit guère à Liége que pour demander de l'argent, ou pour établir des impôts.

En 1651, il mit une taxe de deux sols sur chaque vître de la cité : elle lui rapporta 40,592 florins (1).

En 1652, il y mit une capitation. Il obtint la même année un don gratuit de 100,000 florins; en 1658, il en obtint un autre de 50,000 florins; en 1661, il s'en fit accorder un de 150,000 écus, sous prétexte d'une levée de troupes; en 1663, il obtint 20,000 écus pour les frais d'un voyage; en 1664, il se fit donner 78,000 écus, pour fournir aux frais d'une guerre de l'empire contre les Turcs, et en 1683, l'État s'obligea

---

(1) *De Rebus leod.* tom. 5.

AN DE
J. C.
1672.

de lui payer, en trois termes, 100,000 écus.

Louis XIV avoit déclaré la guerre à la Hollande. Cologne et Munster étoient entrés dans le traité fait par ce monarque avec l'Angleterre. Il envoya des commissaires à Liége, pour faire construire deux ponts sur la Meuse, à quelques lieues de la ville. Ses troupes furent reçues dans l'électorat de Cologne : il se rendit lui-même dans les Pays-Bas. Son armée, conduite par le vicomte de Turenne, prit en passant Thuin, et quelques autres villes du pays de Liége, traversa la Hesbaie, et vint camper auprès de Visée, où elle laissa garnison : elle prit aussi Tongres et Saint Trond. Une autre armée, commandée par le comte de Chamilli, prit Maseyck : les soldats se répandirent dans la Hesbaie et dans la Campine : le roi reçut les complimens du magistrat de Liége. Il passa par le pays de Limbourg et de Juliers, prit Vesel et Rhimberg, fut reçu dans cette dernière ville par l'électeur de Cologne, à qui elle appartenoit, passa le Rhin et s'empara d'une partie de la Hollande, tandis qu'un corps de cavalerie consumoit les fourrages autour de Maëstricht. Il y eut, à la fin de cette campagne, un accord entre le roi et le prince de Liége, par lequel il fut permis aux troupes françaises d'occuper Tongres et Maseyck, jusqu'à la prise de Maëstricht ou la conclusion de la paix. Le chapitre protesta contre cet accord fait sans son aveu ; mais on n'y eu point d'égard.

AN DE J. C. 1672.

Le prince d'Orange s'étant rendu à Maëstricht, les Liégeois l'allèrent complimenter à son tour, et ils rejetèrent sur leur évêque l'engagement pris avec la France.

L'année suivante, le roi parut devant Maëstricht, et fit investir la ville par le comte de Lorges. On obligea les paysans liégeois de travailler au siége. La ville fut prise, après treize jours de tranchée et des actions de valeur multipliées dans l'attaque et la défense. La capitulation conservoit au prince de Liége les droits dont il étoit en possession.

1673.

Louis fit démolir les fortifications de Tongres, laissa 7000 hommes à Maëstricht, et alla joindre Turenne en Alsace.

Luxembourg se rapprocha du pays de Liége, et y prit son quartier d'hiver.

L'empereur (1) envoya le cardinal de Bade à Liége, pour négocier avec les Etats. On lui faisoit espérer la coadjutorerie de l'évêché; et dans le cas d'un refus de la part de Maximilien, l'empereur devoit pourvoir à l'église de Liége

1674.

---

(1) *De Rebus leodiensibus*, to. 7.

(comme si le siége étoit vacant), par la plénitude de sa puissance.

Le cardinal vint à Liége, muni d'instructions. Il avoit obtenu à Rome, un *per obitum* du canonicat de l'évéque de Gand, mort à Madrid; mais cette collation appartenoit à Maximilien, qui avoit donné la prébende au comte de Berlo. De Bade ne pouvant être admis à faire sa résidence sur un titre litigieux, avoit emprunté secrètement une prébenbe de l'archidiacre Bokold, qui s'y étoit porté par complaisance pour la maison d'Autriche ; mais sous condition qu'elle lui seroit rendue, ou une autre équivalente: condition que le cardinal remplit, en lui envoyant sa démission de la prébende litigieuse. Alors de Bade se fit admettre à sa résidence, contre le statut du chapitre, qui n'y admet les nouveaux pourvus qu'après deux années. Il fallut employer l'autorité de l'empereur pour passer sur cette loi.

Les factions avoient été disposées à Cologne et à Liége, par le baron de Plitterdorf, ministre du cardinal, sur les plans qui en avoient été formés par le baron d'Isola, ministre de l'empereur à la Haie.

On sollicitoit à Rome des brefs *ad capitulum*, pour l'obliger, sous des prétextes de nécessité, de guerre et de non résidence de l'électeur, de nommer un coadjuteur à l'évêché.

L'ambassadeur de France à Rome, avoit informé le roi des poursuites que le cardinal de Bade y faisoit de l'évêché de Liége et de celui de Strasbourg.

Le cardinal sollicitoit l'empereur de le pourvoir promptement de la coadjutorerie, pour la conservation des Pays-Bas ; de remettre les choses dans l'état où elles avoient été au temps de Charles-Quint ; il ajoutoit que le chapitre étoit disposé à faire tout ce qu'il plairoit à l'empereur; qu'il étoit gagné ; que si l'évêque ne vouloit pas accorder la coadjutorerie, on prieroit le pape de l'y inviter et de déclarer que, sur son refus, il en disposeroit d'office.

Mais poursuivre le bénéfice d'un homme vivant, c'étoit s'en rendre indigne, et dans une vacauce même, il n'y pouvoit plus prétendre.

Il écrivoit à l'empereur d'envoyer pour cet objet, au chapitre, des lettres monitoriales.

Il lui marquoit qu'il falloit obliger le pays de Liége de se soumettre entièrement à lui et d'abandonner la neutralité ; s'assurer de la ville et de la citadelle, se défaire du ministre de France, détruire le gouvernement et y former, sous son autorité, une régence séculière.

En demandant des passe-ports au comte d'Estrades, gouverneur de Maëstricht, il lui

AN DE J. C. 1674.

déclaroit qu'il ne venoit à Liége que pour y faire sa résidence de chanoine, sans se mêler d'aucune affaire. Il protestoit à l'empereur, par une autre lettre, qu'il n'y étoit venu que pour son service et celui de sa maison. Il étoit à Liége le négociateur de ce prince : il entretenoit des correspondances avec le prince de Nassau, gouverneur de Limbourg, avec le marquis de los Balbases, ambassadeur d'Espagne à Vienne.

Après toutes ces intrigues, se disposant à retourner en Allemagne, il fit demander au comte d'Estrades de nouveaux passeports pour lui et pour son bagage. Ils lui furent accordés. Il en demandoit un particulier pour le baron de Plitterdorf, qu'il vouloit envoyer à Cologne. Mais le comte d'Estrades apprit que le cardinal le trompoit ; qu'il ne partoit point de Liége, qu'il y faisoit même de nouvelles provisions pour sa maison ; que la maladie d'un comte de Mandercheit, qu'il alléguoit pour couvrir son séjour, étoit une fiction ; que le baron de Plitterdorf étoit un homme d'intrigues, conseiller de l'empereur, et qui cabaloit à Liége contre le service du roi ; il pria le cardinal de lui renvoyer ses passeports, puisqu'il ne partoit point, et refusa d'en donner un au baron de Plitterdorf, pour sa qualité de négociateur, ajoutant que le roi, son maître, s'étoit réservé seul le

pouvoir d'en accorder aux gens de son carac- AN DE
tère, et qu'il avouoit d'ailleurs que dans les dé- J. C.
lais du cardinal, tout lui étoit suspect. De Bade 1674.
le pria de trouver bon qu'il gardât les passe-
ports. Le comte le prévint que si ses partis ren-
controient le baron de Plitterdorf, ce ministre
ne seroit pas en sûreté.

Le bagage du cardinal étant sorti de Liége,
un parti de Maëstricht l'observa dans Herstal,
et sur les avis donnés qu'on abusoit des passe-
ports pour mener avec ces bagages des armes
en Allemagne, il en rendit compte au gouverneur de Maëstricht, qui envoya sur les lieux un
colonel de dragons avec ses soldats. Le conduc-
teur ayant déclaré que les bagages ne contenoient rien qui n'appartînt à son maître, on se
contenta de toucher aux endroits indiqués; on
y trouva quatre ballots d'armes et des cofres
pleins de papiers. Tout fut saisi. Le cardinal
ayant fait solliciter en France la restitution de
ses effets, le roi déclara qu'ils étoient de bonne
prise; on examina les papiers, et on y découvrit
tous ses projets. M. des Carrières, résident de
France à Liége, écrivit au chapitre, au conseil
privé et au magistrat, qu'ils envoyassent des
membres de leurs corps, pour faire la lecture
de ces lettres. On fut effrayé du danger qu'a-
voit couru la ville. L'électeur de Cologne, pour

AN DE J.C. 1674. la mettre en sûreté, laissa entrer de nuit dans la citadelle 1500 Français sous la conduite du baron de Vierset.

Le résident fit entendre aux bourgeois qu'on avoit prévenu l'empereur, dont le dessein étoit de s'assurer de la ville, de dépouiller le pays de toute neutralité, et de l'immatriculer à ses provinces héréditaires. Le commandant de la citadelle dit, pour se justifier, que la place étant hors d'état de défense, il avoit cru devoir y introduire un puissant secours, admis sous la seule promesse d'un entier désintéressement de la part du roi, qui étoit prêt de la remettre aux États, dès qu'ils le desireroient.

Maximilien parut étonné de cet événement, quoiqu'il y eût consenti. Il désavoua le procédé du baron de Vierset, et ordonna qu'on lui fît son procès.

1675. Le marquis de Louvois écrivit au baron « que » le roi protégeroit la neutralité dans la ville, » tant qu'elle ne s'en rendroit pas indigne; qu'il » ne dépendoit que d'elle de prévenir sa ruine; » mais que si elle recevoit des troupes ennemies » pour sa défense, ou qu'elle entreprit des actes » d'hostilité contre la citadelle, sa majesté étoit » résolue de faire assembler une armée considé- » rable, pour amener le peuple à la raison, et » lui faire porter la peine de son aveuglement ».

Maximilien envoya des députés au roi, pour demander que ses troupes évacuassent la citadelle et les autres places qu'elles occupoient dans le pays. Mais les Français répétoient toujours qu'ils étoient prêts de se retirer, pourvu que les alliés en fissent de même.

AN DE J. C. 1676.

Pendant que les Hollandais prenoient Hasselt et Bréé, les Français étoient entrés dans Fosse, Thuin, Givet, Huy et Dinant. Les fortifications de Fosse furent démolies. Sur les instances du chapitre et de la cité de Liége, le roi consentit enfin à retirer ses troupes de la citadelle, et il la fit raser. Le maréchal d'Estrades, chargé de cet ordre, se rendit à Liége, fit mettre la garnison en bataille dans les plaines voisines, et les mineurs firent sauter la forteresse. Le peuple en témoigna sa joie par des fêtes, et après le départ des Français, il en démolit jusqu'à la dernière pierre. Les bourguemestres furent chargés des clefs de la ville. Le peuple, qui n'avoit plus sous les yeux l'objet de sa dépendance, demanda en tumulte qu'on rétablît les métiers, et le chapitre y consentit.

Le jour de l'élection magistrale étant venu, on la fit suivant le réglement de 1603, et l'on rejeta les réformes subséquentes.

1677.

Maximilien, absent, se plaignit vivement de

AN DE ces attentats contre son autorité, et le magistrat
J. C. ayant député au congrès de Nimègue, pour que
1678. Liége fût comprise dans le traité de paix entre
le roi et les Provinces-Unies, ses envoyés furent
éconduits par ceux de l'électeur, pour la raison
que le magistrat ne pouvoit, sans son aveu, envoyer de légation à des puissances étrangères.
Ils présentèrent un mémoire aux plénipotentiaires, pour établir leur droit et, après plusieurs conférences, ils furent admis. Ils demandoient la conservation de la neutralité et ils
l'obtinrent; mais quand ils parlèrent de la restitution de Bouillon que Louis XIV avoit pris
dans la dernière campagne, leur proposition
fut rejetée. Cependant le congrès touchoit à sa
fin : il falloit se déterminer. Le chevalier des
Charneux, à qui le chapitre et le conseil privé
avoient confié cette mission, leur écrivit pour
avoir un ordre ultérieur sur cet objet. Le conseil
passa sous silence l'article de Bouillon et lui recommanda la neutralité. Un membre du chapitre lui marqua que, pourvu qu'on sauvât la
neutralité, on auroit de quoi se consoler de la
perte de Bouillon. Il se crut suffisamment autorisé par ces instructions, et il déclara aux plénipotentiaires que la paix ne devoit point être retardée par les prétentions au duché de Bouillon

dont l'Etat de Liége se désistoit (1). Alors le traité fut conclu. L'article XXVIII portoit qu'on étoit convenu que le duc de Bouillon, demeurant dans l'actuelle possession où il étoit, le différend entre lui et l'évêque de Liége, sur le château de Bouillon, seroit terminé à l'amiable ou par des arbitres qui seroient choisis par les parties, trois mois après la ratification du traité, sans que sur ce sujet on en pût venir à autres voies de fait.

Les députés de l'électeur et des Etats signèrent le traité. Ce prince désavoua ce qu'ils avoient fait : le chapitre protesta contre l'article XXVIII ; mais, en vertu de cet article, la maison de la Tour d'Auvergne est demeurée en possession du duché de Bouillon.

Le prince poursuivoit à Spire la réparation des attentats commis contre sa puissance ; il se plaignoit des libelles publiés contre lui, des usurpations du magistrat, de l'audace qu'on avoit eue de casser et de réformer, à son insu, des compagnies bourgeoises, des innovations faites dans l'élection magistrale, et du rétablissement des métiers. Il prétendoit qu'on suivît la réforme de 1649 : le peuple vouloit s'en tenir au

---

(1) Procès du chevalier des Charneux, *De Rebus leod.* tom. 7.

réglement de 1603. Le bourguemestre de Grati fut chargé de conférer avec les ministres du prince, pour en obtenir la paix (1).

Il représenta que Maximilien s'étoit emparé de la ville, comme d'une place conquise; que cet acte avoit été fait contre les constitutions de l'empire, *super pace publicá*; que les paix de Saint Gilles et de Tongres avoient été violées; qu'on avoit toujours établi, dans les procès contre l'évêque et son chapitre, que l'élection magistrale appartenoit à la cité; qu'elle lui appartenoit, ou de droit, ou par privilége; que, dans ce dernier cas, c'étoit à la chambre impériale de Spire d'en décider suivant la paix de l'an 1640, et que dans le premier cas, l'élection ne pouvoit être changée sans le consentement des trente-deux métiers, suivant la même paix, celle de Saint Gilles, et les réglemens des ans 1603 et 1631; que la paix de Saint Gilles portoit que les anciens priviléges de la cité seroient saufs; que ces priviléges consistoient dans les assemblées des métiers, le pouvoir d'établir des impôts, d'élire leurs magistrats; que s'ils avoient été abolis par la réforme de 1649, elle ne pouvoit plus subsister sans contradiction avec la

---

(1) *De Reb. leod.* tom. 7; Lettres du bourguemestre de Grati, à la cité.

paix de Saint Gilles; que les trois corps avoient protesté contre cette réforme; que l'acte étoit du 30 mars 1650; que si elle avoit été établie de l'avis du chapitre, elle n'avoit pu l'être sans le consentement des trente-deux métiers, suivant les paix publiques; que si le prince eût été informé de cette protestation, il y auroit mis ordre, sinon par le droit, au moins par le fait.

AN DE J. C. 1678.

Les députés de Maximilien répondoient que ces mots de la paix de Saint Gilles, *sauf les anciens priviléges* de la cité, ne regardoient point l'élection magistrale; que cette élection étoit réformée par le mandement de 1649; que les bourguemestres, les jurés et le conseil s'y étoient soumis en présence des commissaires; qu'il avoit été confirmé par l'empereur, et qu'on ne pouvoit l'anéantir sans la même autorité; que le prince n'entendoit point adhérer à des protestations clandestines; que la paix de Saint Gilles étant une pure grace, c'étoit à lui qu'il appartenoit de l'interpréter; que la bourgeoisie, par sa conduite, s'étoit rendue indigne de ses priviléges; qu'ayant pris la ville, il la pouvoit traiter dans la rigueur de la guerre; que les paix de Saint Gilles et de Tongres n'avoient pas été confirmées par l'empereur; que la réforme de 1649 l'ayant été, c'étoit la seule à laquelle il falloit souscrire; que les contrats des sujets ne pouvant rien opérer au préjudice du souverain, tout ce qui s'étoit passé postérieurement à cet acte, tomboit en pur attentat; que sur l'élection magistrale, la cité ne pouvoit établir une ancienne possession, suivant l'axiôme *quod initio non valet tractu temporis convalescere non potest;* que le prince étoit muni d'une autre possession de vingt-sept ans, appuyée de l'autorité de l'empereur.

Le député de la cité suppliant le prince d'envoyer à Liége un commissaire, il répondit « que » la ville n'en avoit pas besoin, puisqu'elle se fai- » soit justice elle-même par ses protestations » illégales; qu'il ne pouvoit commettre son au- » torité par une députation, et qu'il ne vouloit » point d'autre arbitre que l'empereur ». Il en obtint une lettre, par laquelle il fut enjoint au magistrat de se conformer au réglement de 1649. Les métiers allèrent en avant, et continuèrent de suivre leur ancien procédé. Le chapitre, de concert avec le magistrat, publia des recès : le prince les cassa, disant que c'étoit sa personne, et non le chapitre, qui tenoit et relevoit de l'empereur les juridictions civiles et criminelles; que celles des seigneuries particulières étoient subordonnées à sa souveraine justice; qu'il ne leur étoit pas permis de tenir leurs plaids en vertu du ban publié par son autorité;

et il fut défendu de se conformer au recès.

Les esprits s'aigrissoient. Le prince avoit déjà fait marcher des troupes vers le pays de Liége : la cité sollicitoit le secours de la France, suivant l'usage où les Liégeois avoient été, de tout temps, de recourir à nos rois dans leurs besoins pressans. Depuis la cession de la Lorraine, faite par Charles le Simple, qui les avoit séparés de nos provinces, ils tournoient souvent les yeux vers leur ancien maître. Au milieu de leurs orages, ils sembloient regretter la perte de son gouvernement doux et paisible. Leurs débats continuels, sur la neutralité et leur refus obstiné d'entrer dans les contributions de leur cercle, annonçoient combien ils sentoient vivement le fardeau du joug impérial. Sans cesse agités par des guerres civiles ou étrangères, ils trouvoient dans la France un appui constant et déclaré : l'amour l'attachoit encore à ses anciens sujets ; car, d'ailleurs, que lui importoit la bonne ou mauvaise volonté de ce petit Etat, qui ne jouoit parmi les puissances que le rôle le plus subalterne ? Il est remarquable que dans leurs querelles domestiques, nos rois ont presque toujours protégé le gouvernement contre l'évêque.

Maximilien, incliné vers la paix, se prêta bientôt à un accommodement avec son peu-

AN DE J. C. 1681.

1683.

ple (1). On se fixa aux réglemens de 1603 et de 1631; on y joignit leurs modérations, et les Etats consentirent de payer 100,000 écus au prince. Ce traité ne contenta aucune des parties. Les ministres de Maximilien le trouvèrent nuisible à ses droits : le peuple se déchaîna contre l'énormité du don gratuit. Il survint une querelle entre le grand mayeur et les bourguemestres, qui se disputoient le droit de commander les armées. On saisit cette occasion pour réveiller la discorde. Les factions contraires en vinrent aux mains, et Maximilien se crut dispensé d'observer un traité que le peuple avoit violé le premier.

Alors il publia un mandement, pour défendre de reconnoître les bourguemestres et les députés des métiers, élus par les séditieux. Le magistrat répond à ce mandement, et fait avec le conseil une confédération pour la défense de ses priviléges. Ils écrivent à Louis XIV pour réclamer son appui. Le roi leur fait dire, par son envoyé, que le parti le plus sage étoit celui de la soumission. Ils publient plusieurs écrits pour justifier leur conduite; mais Maximilien, qui ne s'amusoit point à de vaines discussions, fait marcher

---

(1) Recueil des édits, tom. 1, chap. 2.

des troupes vers Liége : elles y entrent sans opposition. Le peuple arrête les chefs de la révolte, et les livre au prince : les deux bourguemestres sont décapités. Maximilien établit dans la ville une régence de six personnes, et on dresse, par son ordre, un nouveau réglement (1). Par ce concordat, devenu la base de la constitution actuelle, il abolit les trente-deux métiers, leur substitua seize chambres, dans chacune desquelles il incorpora deux métiers. Il régla le nombre et la qualité des personnes qui composeroient chaque chambre ; établit un conseil de ville annuel comme les bourguemestres ; voulut que ces deux corps, avec celui des commissaires, formassent le magistrat ; ôta aux bourguemestres le droit de faire des édits et d'accorder des sauve-gardes ; borna leur emploi à la connoissance des deniers publics et à la mise des impôts ; voulut qu'on rétablit la citadelle, que la milice bourgeoise fût commandée par le grand mayeur et par les bourguemestres ; n'accorda au peuple que le choix d'une partie du magistrat, et régla pour cette élection le procédé qu'on observe encore aujourd'hui.

AN DE J. C. 1684.

---

(1) Recueil des Edits, tom. 1. ch. 2 ; ce réglement contient 85 articles.

AN DE J. C.

Alors cette étrange magistrature, si long-temps redoutable à ses princes, ces maîtres de la cité, dont la régence orageuse avoit causé tant de maux à la république, sont rentrés dans la classe paisible des citoyens.

1688. Maximilien survécut quelques années à cette grande révolution, et il laissa ses Etats dans le trouble inséparable d'une constitution nouvelle. Le chapitre en profita pour s'emparer du gouvernement temporel. En succédant à un despote, il lui en coûta peu de régner. On étoit encore effrayé de l'administration violente de Maximilien : les têtes qu'il avoit fait tomber saignoient encore : la consternation générale empêchoit de remarquer l'usurpation du chapitre, et à l'ombre de ce prince, dont le nom seul faisoit trembler, il osa, pour la première fois, faire frapper des monnoies, publier des édits, et s'arroger, en son nom, tous les droits qui n'appartenoient qu'au souverain.

Ses suffrages donnèrent le siége à Jean-Louis d'Elderen.

JEAN-LOUIS D'ELDEREN,

92.e Év.e

Je dirai peu de chose de cet évêque et de ses successeurs. L'Histoire de Liége finit prompte-

DE L'ÉTAT DE LIÉGE. 245

ment avec ses révolutions. Les Liégeois prirent rarement part aux querelles qui divisoient alors toute l'Europe. Placés au milieu du théâtre de la guerre, s'ils se ressentirent des secousses qui ébranloient les Etats voisins, leur neutralité rendoit ces maux passagers.

AN DE J. C.

Cependant on les vit paroître un moment dans la lice, avec ce même esprit d'inconstance qui les a toujours animés. A peine avoient-ils conclu un traité à Versailles, qu'ils entrèrent dans la diète, où tous les princes de l'empire eurent ordre de s'armer contre la France. Les Etats de Liége, pressés par les Hollandais qui s'étoient emparés de la ville, publièrent une déclaration de guerre contre Louis XIV. On arrêta l'envoyé du roi; on commanda aux possesseurs de fief de s'assembler; on apprit aux bourgeois l'exercice des armes; on ferma les tribunaux; tous les nobles furent taxés, et cet argent fut employé à lever un régiment.

1689.

Le roi, après la prise de Mons, étoit retourné à Versailles : il avoit laissé le commandement de ses troupes au maréchal de Luxembourg. Avant son départ, il envoya le marquis de Boufflers avec un détachement de l'armée, pour châtier les Liégeois. Boufflers bombarda Liége, et ce fut la seule vengeance qu'il jugea devoir

1691.

exercer contre une ville foible, ouverte et sans défense, qui osoit défier les forces d'un grand roi. On n'y a point oublié cette leçon : elle a fait sentir à ce peuple que la main qui l'avoit enrichi et qui le protégeoit, pouvoit détruire son ouvrage.

Après le départ du marquis de Boufflers, le général Cohorn fortifia la Chartreuse, et construisit des lignes autour de la ville.

1693. Au printemps de l'année 1693, le roi d'Angleterre et l'électeur de Bavière vinrent avec l'armée des alliés camper à Louvain, et de-là à Tillemont. Le maréchal de Villeroi s'étoit approché de la Meuse avec un gros détachement de troupes, et il s'empara d'Huy. Ses troupes se répandirent dans la Hesbaie, et se réunirent à celles du maréchal de Luxembourg.

Pour faire sortir le prince d'Orange de ses lignes, Luxembourg feignit d'assiéger Liége. Le prince et le duc de Bavière s'en approchèrent pour la défendre : le maréchal les attaqua près du village de Nervinde, et remporta une victoire complète : le fruit de cette action fut la prise de Charleroi.

1694. Jean-Louis mourut, et le siége fut donné à Joseph Clément de Bavière.

JOSEPH CLÉMENT DE BAVIÈRE,

93.ᵉ Év.ᵉ

AN DE J. C.

1694.

LA guerre continuoit. Le prince d'Orange reprend Huy : l'année suivante, le maréchal de Villeroi bombarde Bruxelles : les alliés prennent Namur : le marquis de Boufflers y commandoit. Les troupes de Liége assistoient au siége avec les princes confédérés.

Enfin Louis XIV donne la paix à l'Europe, 1697. par le traité de Riswick. L'église de Liége y obtint un article. Il fut dit que Dinant et les autres lieux qui lui avoient été ôtés, lui seroient rendus.

La mort du roi d'Espagne rejeta les puissances dans de nouveaux orages. Le roi plaça Philippe V sur ce trône, et vit s'armer contre lui l'Angleterre, l'Empire et la Hollande.

Il avoit fait un traité avec l'électeur de Cologne, qui reçut les troupes françaises dans toutes ses places.

Le maréchal de Boufflers avoit mis garnison 1702. à Liége. La ville se rendit, par capitulation, au comte de Marleboroug, et la citadelle fut prise d'assaut. L'empereur y envoya un gouverneur, qui changea les tribunaux, supprima la magistrature et forma un conseil privé. Le peuple fut délié du serment de fidélité envers l'électeur de Cologne, son évêque, qui se vit dépouillé de tous ses Etats. La paix d'Utrecht les lui rendit, et son rétablissement répandit la joie dans une Nation dont il étoit aimé. Les Hollandais consentirent d'évacuer les citadelles de Liége et d'Huy. Mais l'empereur qui avoit fait obtenir aux Liégeois cette faveur, exigea pour condition qu'ils entrassent dans les contributions du cercle.

Avant la conclusion de la paix, la diète de Ratisbonne ayant accordé à l'empereur un subside de quatre millions d'écus, pour continuer la guerre, le cercle de Westphalie s'assembla à Cologne, pour payer sa cote-part. Les Etats de Liége y furent mandés, pendant l'absence de leur prince. On y envoya les députés qui revenoient d'Utrecht, et ils se soumirent à payer la taxe.

Mais il s'éleva une difficulté dans cette assemblée. L'envoyé du prince d'Osnabruck prétendit avoir la séance sur ceux de Liége.

En 1667, Maximilien Henry, comme prince de Liége, avoit été maintenu dans le droit de préséance au cercle, et ce droit avoit été confirmé dans les assemblées de 1682 et de 1701,

L'envoyé d'Osnabruck fondoit sa prétention sur ce que, dans les diètes générales de l'Empire, les envoyés de Liége et de Munster ont alternativement la séance, et que celui d'Osnabruck tient toujours le milieu ; mais les Liégeois répondoient que cet ordre ne pouvoit avoir lieu dans le cercle de Westphalie, où l'évêque de Munster, comme premier directeur, occupe la première place. Ils invoquoient encore pour eux la possession, et il paroît qu'ils y furent maintenus.

Après la mort de Joseph Clément de Bavière, le siége fut donné par le chapitre à Georges Louis de Bergue.

GEORGES LOUIS DE BERGUE, 1724.

94.ᵉ Év.ᵉ

L'ÉTAT, tranquille pendant le gouvernement de cet évêque et celui de ses successeurs, n'a plus éprouvé les convulsions qui l'avoient mis tant de fois sur le penchant de sa ruine. Devenu moins libre, il s'est trouvé plus heureux. Il étoit impossible qu'il se maintînt dans l'anarchie où l'entraînoit sans cesse le règne passager, mais violent, de ses bourguemestres.

L'autorité des conseils à Rome étoit balancée

AN DE J. C. 1724.

par le pouvoir du sénat, par l'inquisition des censeurs: la magistrature à Liége n'étoit subordonnée qu'au caprice du peuple. C'étoit le peuple, représenté par ses métiers, qui faisoit les lois, qui disposoit des places, qui changeoit ou abrogeoit à son gré les réglemens de ses princes. A peine échappé du joug féodal, et fier de son indépendance, il étoit parvenu à exclure les nobles de la magistrature, et à n'avoir que des chefs choisis dans son sein. Jaloux de captiver sa bienveillance, ils étoient plutôt l'instrument que l'ame de sa volonté. Que pouvoit produire le concours d'une multitude aveugle, et qui n'obéissoit qu'à l'impulsion du moment? Une démocratie tumultueuse, où il n'y avoit de constant que des orages périodiques nécessités par son caractère, où l'Etat ne sentoit sa liberté que par les crises fréquentes de ses révolutions, où le peuple étoit tout dans des circonstances, et dans d'autres n'étoit rien. La plupart de ses évêques, ou timides ou sans moyens, se bornoient à jouir des revenus de leur manse, régnoient précairement et laissoient l'Etat suivre sa chance. Le chapitre étoit nul; la noblesse étoit sans crédit: l'empire des échevins étoit passé; ils avoient fait place à la nouvelle domination, et leur tribunal étoit sous les pieds des bourguemestres. Tous les points du gouvernement aboutissoient à ce centre unique. Emplois civils et militaires, finance, police, tout étoit du ressort du magistrat : il commandoit les troupes ; souvent même il exerçoit la justice. Si les bornes étroites de sa régence gênoient son ambition, elles rendoient son avidité plus active, et les deniers publics s'écouloient dans ses mains. Dans les guerres de Ferdinand de Bavière, on leur reprocha d'avoir dissipé en peu de temps plusieurs millions.

AN DE J. C. 1724.

A de tels administrateurs il falloit des troubles, pour couvrir le vice de leur gestion : le prince montroit-il l'ombre d'une chaîne, ils soulevoient le peuple ; la généralité couroit aux armes : on le chassoit de la ville ; on le rappeloit ; on demandoit la paix et on faisoit la guerre : on entamoit des traités, ils étoient violés sur-le-champ. Jamais cette nation bizarre n'étoit d'accord avec elle-même : ses législateurs connoissoient si bien la mobilité de son génie, que leurs statuts ne l'engageoient que pour quelques années ; il falloit alors des lois nouvelles ; il falloit des modérations à ces lois, et souvent des réformes. On sent combien cette instabilité d'une législation passagère devoit nuire à l'Etat. Il s'offroit une foule de prétextes pour éluder la loi : il falloit, pour la publier, le concours des ordres : le magistrat défendoit de suivre les réglemens du prince ; le prince cassoit les recès du magistrat. Si dans ces débats, il se trouvoit des évêques plus jaloux de leurs droits que de leur repos, la guerre s'allumoit. Les Liégeois, qui n'avoient ni cavalerie, ni troupes réglées, ni fortifications, ni remparts, ni généraux, cédoient au nombre et à la discipline des troupes qu'on leur opposoit. Vaincus, ils déchargeoient leur haine sur leurs propres chefs, les égorgeoient ou les livroient à un maître irrité. Comme il n'y a qu'un pas de l'anarchie au despotisme, le prince se trouvoit revêtu de l'absolu pouvoir, et le peuple étoit forcé de se reposer dans l'état même qu'il avoit le plus en horreur. Il étoit sous le joug le plus rampant des esclaves ; mais c'étoit le sommeil du tigre : souvent il se réveilloit avec fureur et les quartiers de la ville devenoient un théâtre de carnage. Cette assemblée des métiers qui, au signal du premier factieux couroient se ranger sous leurs drapeaux, étoit de tous les établissemens politiques le plus contraire à l'ordre, à la police et au repos des citoyens. C'étoit au milieu d'elle que se fomentoit le germe éternel des séditions. Ce fut bien pis quand ces métiers s'avisèrent de publier des édits en leur nom et sans l'aveu du magistrat. Alors, dans la confusion de tous les ordres, on ne sut plus qui devoit commander, ni qui devoit obéir. D'un autre côté, les évêques, réduits à passer une partie de leur règne à combattre ou à plaider contre leurs sujets, faisoient des concordats avec eux, et souvent à l'avantage de ces derniers. Ce fut dans une de leurs paix, qu'ils établirent le tribunal des vingt-deux. Ce tribunal qui, par sa nature, étoit destiné à maintenir l'équilibre dans tous les membres de l'Etat, et dont le bras devoit être levé contre tout usurpateur, ne produisit guère l'effet qu'on en devoit attendre; il débuta par un coup de vigueur, et il n'en fut plus question. Enfin, il parut un homme qui avoit de grandes vues et de grandes ressources. Témoin des longs combats qu'avoit eu à soutenir son prédécesseur, pour la défense de ses droits, il ne s'attacha point à renverser des formes indifférentes; mais il remonta à la source des abus: il ne laissa rien subsister de tout ce qu'il put détruire. On vit s'élever un gouvernement nouveau sur les débris de la plus étrange démocratie, et Maximilien établit sur une base solide la tranquillité de ses sujets.

AN DE J. C. 1724.

Mais il résultoit de son opération un vice inévitable. Ce qu'il ôtoit au magistrat, il le donnoit

AN DE J.C. 1724

au chapitre; car entre deux puissances rivales, les pertes de l'une sont toujours au profit de l'autre : il arriva de-là qu'à sa mort, le chapitre hérita de toute son autorité, se trouva sans concurrens, par l'affoiblissement des deux autres États, et déploya librement le caractère de la souveraineté. Ce fut alors qu'on vit pour la première fois un gouvernement canonial dans une république. Il s'est perpétué jusqu'à nos jours et se maintiendra sur son trône abusif, à moins qu'un évêque, armé de pouvoirs suffisans et instruit des vrais intérêts de son Etat, ne fasse rentrer ces capitulaires dans les limites de leurs droits et dans la modestie de leur ministère.

FIN DE L'HISTOIRE DE LIÉGE.

CHRONOLOGIE

DES ÉVÊQUES DE LIÉGE.

Fondation de la ville de Tongres par Auguste. Il la nomme Octavie; l'an avant Jésus-Christ.   41

ÉVÊQUES DE TONGRES.

Saint Materne, I.er Ev.e, mort l'an de Jésus-Christ.   101
Saint Navite, 2.e.
Saint Marcel, 3.e.
Saint Métropole, 4.e.
Saint Severin, 5.e.
Saint Florent, 6.e.
On ne connoît de ces évêques que leur nom; et il n'existe aucune époque du temps où ils ont vécu.
Saint Martin, 7.e.   250
Saint Maximin, 8.e.
Saint Valentin, 9.e.   293
Saint Servais, 10.e.   310
Prise de Tongres par Clovis.   492
Agricolaus, 11.e.   503
Ursicin, 12.e.   505

	AN DE J. C.
DESIGNAT, 13.e.	508
NESIGNAT, 14.e.	512
SULPICE, 15.e.	519
QUIRILLE, 16.e.	521
EUCHERE Ier., 17.e.	529
FALCO, 18.e.	532
EUCHERE II, 19.e.	535
SAINT DOMITIAN, 20.e.	558
SAINT MONULPHE, 21.e. élu l'an	558
Fondation de la cité de Liége.	564
SAINT GONDULPHE, 22.e, élu l'an	597
SAINT PERPETE, 23.e.	604
SAINT ÉBREGISE, 24.e.	617
SAINT JEAN L'AGNEAU, 25.e.	631
Il est placé sur le siége de Tongres par d'Agobert.	
SAINT AMAND, 26.e.	637
Nommé à l'évêché par Sigebert, roi d'Austrasie.	
Mort de Pépin, maire du Palais.	646
SAINT REMACLE, 27.e.	650
Fondation des abbayes de Stavelot et de Malmedi, par Sigebert.	651
L'abbaye de Lobbe s'élève dans le même temps.	
Commencemens du monastère de Saint Trond.	

DES ÉVÊQUES DE LIÉGE.

AN DE J. C.

SAINT THÉODARD, 28.ᵉ. 653
SAINT LAMBERT, 29.ᵉ. 658
On jette les fondemens du monastère, qui porta depuis le nom de Saint Hubert.
Martyre de Saint Lambert. 696
SAINT HUBERT, 30.ᵉ. 699
Il est nommé par le clergé et le peuple.
Accroissemens de la ville de Liége; il y établit des échevins et un chapitre cathédral. 714
SAINT FLORIBERT, 31.ᵉ. 730
FULCAIRE, 32.ᵉ. 746
AGILFRIDE, 33.ᵉ. 769
GERBALD, 34.ᵉ. 784
Charlemagne bâtit la ville d'Aix-la-Chapelle. Institution de huit archidiacres à Liége, par le pape Léon III. 785
Grands capitulaires de Charlemagne. 805
VALCAND, 35.ᵉ. 810
Mort de Charlemagne. 814
PIRARD, 36.ᵉ. 832
Louis le Débonnaire partage l'Empire entre ses enfans. 838
HIRCAIRE, 37.ᵉ. 840
FRANCO, 38.ᵉ. 855
Madière donné par Charles le Gros à l'église de Liége. 884

	AN DE J. C.
Donation de l'abbaye de Lobbe, par le roi Arnoul;	888
De la ville d'Arcée par Charles le Simple;	94
De la ville de Theux par Zuentibolde.	898
ÉTIENNE, 39.e.	903
Translation du siége épiscopal de Tongres à Liége.	908
RICHAIRE, 40.e.	920
La Lorraine est cédée par Charles le Simple à Henry, roi de Germanie, et l'église de Liége passe sous la domination de l'Empire.	922
HUGUES, 41.e.	946
FARABERT, 42.e.	947
L'empereur Othon donne à l'église de Liége le monastère d'Eyek et ses dépendances.	
NATHÈRE, 43.e.	953
BALDRIC I.er 44.e.	956
ÉRACLE, 45.e.	959
Il est postulé par le clergé et le peuple.	
NOTGER, 46.e.	971
Les chanoines de Saint Lambert vivoient encore en commun; il en augmente le nombre.	

DES ÉVÊQUES DE LIÉGE. 259

AN DE J. C.

Il achète la ville de Thuin : il rebâtit Fosse.	981
Donation du comté d'Huy à l'église de Liége.	985
BALDRIC II, 47.e.	1008
Arnoul II, comte de Looz, fait une donation de sa terre à Baldric.	1014
VOLBODON, 48.e.	1019
DURAND, 49.e.	1021
REGINARD, 50.e.	1025
NITHARD, 51.e.	1039
Cet évêque fait frapper des monnoies.	
VAZON, 52.e.	1043
THEODUIN, 53.e.	1049
Achat du comté de Hainaut fait par Theoduin, confirmé par un diplome de l'empereur Henry IV.	1071
HENRY DE VERDUN, 54.e.	1075
La comtesse Ermingarde lui donne la terre de Vareme.	
OBERT, 55.e.	1092
Prétendue vente du duché de Bouillon, faite à Obert par Godefroi.	1096
Achat de la terre de Louvin.	
Achat de Clermont sur Meuse.	1104
Établissement des familles de Dammar-	

tin et de Warfuzée ; première souche
des nobles de la Hesbaie. 1105
Acquisition de Fragnée. 1106
FRÉDÉRIC, 56.ᵉ. 1119
ALBÉRON I.ᵉʳ 57.ᵉ. 1123
Querelle des investitures, terminée dans
un concile de Latran.
Droit de morte-main aboli par Albéron. 1126
ALEXANDRE, 58.ᵉ. 1128
Le pape et l'empereur à Liége. 1131
Alexandre est dépossédé de son siége par
le pape, pour le crime de simonie. 1134
ALBÉRON II, 59.ᵉ. 1136
Il est élu par le clergé et le peuple.
Il prend le château de Bouillon. 1141
HENRY II, 60.ᵉ. 1146
Élu, comme son prédécesseur, par les
deux ordres.
ALEXANDRE II, 61.ᵉ. 1165
Canonisation de Charlemagne, par l'anti-
pape Pascal. 1166
RADULPHE, 62.ᵉ. 1168
Le comte de Brabant cède ses droits sur
Herstal à l'église de Liége. 1171
La salle, ou tribunal de Curenge établi

DES ÉVÊQUES DE LIÉGE.

	AN DE J. C.
pour les fiefs dans le comté de Looz.	1178
Incendie de l'église de Saint Lambert.	
Les chartres du chapitre sont brûlées.	1185
SAINT ALBERT DE LOUVAIN, 63.e	1191
Il est nommé par le clergé, la noblesse et le peuple. C'est la première fois qu'il est question de la noblesse. Elle commençoit alors à former un des ordres de l'Etat.	
L'empereur Henry VI, qui avoit vendu l'évêché à Lothaire, pour 3000 marcs d'argent, fait assassiner Albert.	
ALBERT DE CULCK, 64.e	1195
Il achète l'évêché.	
Découverte des mines de houille.	1198
HUGUES DE PIERPONT, 65.e	1200
Il est investi par l'empereur Othon.	
Albert, comte de Moha, fait une donation de sa terre à l'église de Liége.	1204
Priviléges accordés aux bourgeois de Liége, par Philippe II, roi des Romains. C'est le plus ancien diplome qu'ils aient conservé.	1208
L'empereur Othon est excommunié. Frédéric II est élu en sa place.	1212

AN DE J. C.

Bataille de Stepes, gagnée par l'évêque
contre le duc de Brabant. 1213

Hugues cède à l'évêque de Metz la terre
de Madière, en échange de la ville de
Saint Trond. 1227

JEAN DEPPES, 66.ᵉ. 1230

Il est élu par le clergé, la noblesse et le
peuple.

Le cardinal Othon veut mettre en masse les
revenus de tous les colléges ecclésiastiques à Liége. Le clergé se soulève. La
ville est mise en interdit. L'évêque en
sort. Époque des premiers débats du
prince avec ses États. 1231

GUILLAUME, 67.ᵉ. 1239

Désigné par le pape Grégoire IX.

ROBERT DE LANGRES, 68.ᵉ. 1242

Le pape avoit fait défense de procéder à
l'élection sans son ordre. Après un interrègne d'un an, elle fut faite par les
trois ordres.

Premiers maîtres de la cité connus. Leur
établissement est beaucoup plus ancien.

HENRY DE GUELDRES, 69.ᵉ. 1247

Il est désigné par le pape Clément V.

Lettres publiées sur les choses vénales. 1251

DES ÉVÊQUES DE LIÉGE. 263

AN DE J. C.

Troubles à Liége, entre le clergé et les échevins. Henry se réserve la justice et la police. La noblesse s'y oppose. Il sort de la ville. 1252

Henry de Dinant persuade aux échevins de laisser le peuple nommer ses maîtres. La bourgeoisie divisée en six classes. Les échevins chassés. Commencement d'un nouveau gouvernement. Les autres villes suivent l'exemple de Liége. Différend entre le prince et les maîtres. Il met la ville en interdit. 1253

Guerre civile. Paix de Biersel. 1255

On bâtit la citadelle. Levée du vingtième denier sur le clergé.

Le pape Grégoire X, qui avoit été chanoine de Liége, écrit à Henry de Gueldres, sur le déréglement de ses mœurs. 1272

L'évêque est forcé d'abdiquer. 1274

JEAN D'ENGHIEN, 70.ᵉ. 1275

Il est nommé par Grégoire X.

JEAN DE FLANDRE, 71.ᵉ. 1282

Nommé par le pape Martin IV.

Troubles à Liége, pour un impôt mis sur les vivres. 1285

La paix des clercs. Établissement de la

cour de fermeté pour la levée des impôts. Le clergé et le peuple s'étoient ligués contre les échevins. On dressa la *loi muée*, qui traitoit des factions. 1287

HUGUES DE CHALONS, 72.e. 1295
Nommé par le pape Boniface VIII.
Établissement des corps des métiers. 1297
Guerre des Awans et des Varoux. 1298
Nouveaux troubles à Liége. Les échevins sortent de la ville. L'évêque est excommunié par le chapitre. 1299

ADOLPHE DE VALDECK, 73.e. 1301
Il est nommé par le pape Boniface.
Les échevins sont excommuniés. Le peuple, uni avec le chapitre, les chasse de la ville. Il nomme un de ses bourguemestres, qui commencent à perdre alors le nom de maîtres de la cité. 1302

THIBAUT DE BAR, 74.e. 1304
Dans l'élection de cet évêque, il n'est parlé, pour la première fois, que des seuls chanoines de Saint Lambert.
Nouveaux troubles, à l'occasion des échevins. L'évêque prend le parti de la noblesse contre le peuple. 1305
Il porte à vingt-deux le nombre des métiers. 1307

	AN DE J. C.
Combat des nobles contre le chapitre et le peuple.	1312
ADOLPHE DE LA MARCK, 75.e.	1313

Sur la recommandation de Philippe le Bel, il est nommé par le pape Clément V.

Continuation des troubles de la cité. Paix de Hassinelle, entre l'évêque et les villes d'Huy, de Dinant et de Fosse.	1314
La noblesse recommence la guerre contre l'évêque.	1315
Paix de Fexhe.	1316
Nouvelle guerre des Varoux.	1325
Paix de Vihogne.	1326
Guerre des Liégeois contre Adolphe. Ils sont défaits.	1327
Paix de Floëne. On y corrige les articles de la paix de Vihogne.	1330
Paix de Voteme et Jeneffe, où l'on règle la forme d'élection du magistrat.	1331
Sentence arbitrale de Philippe, roi de France, entre l'évêque et le duc de Brabant.	1334
Adolphe achète la terre de Mirewart.	1339

Guerre avec les Hutois. Modération de la paix de Vihogne. Établissement du tribunal des vingt-deux. Adolphe déchire les lettres d'érection de ce tribunal. Le bourguemestre qui avoit livré les lettres à l'évêque, est déposé par le peuple, et chassé de la ville. 1343

Mort d'Adolphe. Les États sont convoqués, et ils élisent de concert un mambour, pour gouverner pendant la vacance du siége. Le pape Clément VI se réserve la nomination de l'évêque. 1344

ENGLEBERT DE LA MARCK, 76.e 1345
Il est désigné par le pape, sur la recommandation du roi de France.

Guerre civile, à l'occasion des échevins. Ils sont proscrits par le peuple. L'évêque livre bataille aux Liégeois : il est défait. Les rois des Romains et de Bohême étoient dans son armée. Liége est mise en interdit. 1346

Englebert bat les Liégeois à Valeffe. 1347
Paix de Varoux. Les échevins rétablis.
Origine du clergé secondaire. Le clergé primaire commence à former un corps à part. 1350

Publication de la paix de Varoux, sous le nom de *loi nouvelle* : elle concerne les affaires du barreau. 1355

Réformation de la loi nouvelle. 1361

DES ÉVÊQUES DE LIÉGE.

AN DE J. C.

JEAN D'ARKEL, 77.e. 1364
Il est nommé par le pape Urbain V.
Il refuse de rétablir le tribunal des vingt-
   deux. Le chapitre l'y détermine. 1372
Seconde paix des vingt-deux. Elle ôte à
   l'évêque une partie de son autorité. 1373
On veut l'assujétir à la juridiction des
   vingt-deux. Il est cité devant leur tribunal. Il sort de la ville. Le pape lance
   un interdit sur tout le pays. 1375
Le clergé est rançonné par le peuple. 1376
Troisième paix des vingt-deux. L'évêque
   est déclaré exempt de leur juridiction.

ARNOLD DE HORNE, 78.e. 1378
Rochefort est élu par le chapitre, et dégradé par le pape Urbain, qui lui substitue Arnold de Horne; il est agréé par
   le peuple. Rochefort avoit été confirmé
   par le pape Clément, auquel le chapitre adhéroit.
Factions des Urbanistes et des Clémentins. 1382
Le peuple veut élire lui seul ses deux bourguemestres. La noblesse y consent et
   renonce à ses droits. 1384
Les échevins accusés de concussion par

le peuple, sont dégradés. Statuts de la cité touchant la justice. Les échevins appellent à l'Empire, et ils y sont condamnés. 1386

JEAN DE BAVIÈRE, 79.e. 1390
Il est élu par le chapitre.

Les papes, qui vouloient se concilier les Etats d'Allemagne contre la faction des Clémentins, parurent abandonner alors au chapitre de Liége l'élection de ses évêques.

Jean de Bavière cite le magistrat au jugement de paix, qui étoit le tribunal de l'évêque. Le peuple se soulève. Paix de Coster. 1395

Bourguemestres déposés par le peuple pour cause d'avarice. 1398

Soulèvement des Liégeois contre leur prince. Création d'un mambour. Paix des Seize ou de Tongres. Établissement des cours féodale et allodiale à Liége. Ces cours, jusqu'alors, n'avoient point de résidence fixe. Réglement pour les vingt-deux. 1403

Nouveaux troubles. Le peuple se nomme un évêque. Le jugement de paix est

DES ÉVÊQUES DE LIÉGE.

AN DE J. C.

aboli. Jean de Bavière se détermine à la guerre, et va chercher du secours chez ses alliés.	1406
Bataille d'Othée perdue par les Liégeois. Vengeance de Jean de Bavière. Sentence des princes. Abolition du magistrat. Création des décemvirs. Suppression des métiers.	1408
Modération de la sentence des princes. Rétablissement du jugement de paix.	1409
Réglement de Jean de Bavière : il augmente le nombre des décemvirs.	1416
Il abdique l'évêché et se marie.	1418
WALENRODE, 80.e.	1419
Il est nommé par le pape, Martin V.	
Les Liégeois sont mis au ban de l'Empire.	
HINSBERG, 81.e.	1419.
Rétablissement des vingt-deux.	1420
Réglement de Hinsberg. Création des commissaires. Nouvelle forme d'élection du magistrat. Réglement sur les cours ecclésiastiques.	1424
Alliance de Charles VII, Roi de France, avec l'État de Liége. Liberté de commerce entre les deux nations.	1437

AN DE J. C.

On conspire deux fois contre la vie de Hinsberg.	1448
Il résigne son évêché à Louis de Bourbon.	1455
LOUIS DE BOURBON, 82.ᵉ.	1456
Il est confirmé par le pape, Caliste III, et reconnu par les Etats.	
Commencement des troubles. Députation des Etats à Charles VII.	1459
Conférences à Maëstricht. La ville est mise en interdit. Emotions à Liége. Le prince y paroît.	1462
Le magistrat et les échevins excommuniés. Élection d'un mambour. Les bourguemestres font la loi. Ils forcent le clergé de suivre leur parti. Premières hostilités. Les Liégeois défaits à Montenac. Ils font la paix avec le prince.	1465
Seconde guerre des Liégeois. Ligue de toutes les villes contre Bourbon. Le comte de Charolois assiége et prend Dinant. La ville est détruite.	1466
Conférences des Liégeois pour la paix infructueuses. Le duc de Bourgogne leur déclare la guerre. Bataille de Brustheim gagnée par le duc. Il entre dans Liége. Traité de paix.	1467

	AN DE J. C.
Troisième guerre des Liégeois. Louis XI à Péronne. Le roi et le duc vont assiéger la ville de Liége. Elle est prise et saccagée; incendie général; Imbercour en est fait gouverneur pour le duc.	1468
Liége rebâtie. Établissement d'un tribunal. Bourbon vient à Liége.	1469 à 70
Guillaume d'Aremberg lui fait la guerre.	1475
Charles le Hardi est tué devant Nancy. D'Aremberg rentre en grace avec Bourbon, qui le fait son premier ministre.	1477
L'évêque rend au peuple son élection magistrale, et l'exercice à tous les tribunaux.	
D'Aremberg s'arme contre Bourbon. Mort de l'évêque.	1479
D'Aremberg est proclamé mambour. Il est défait par les Brabançons.	
JEAN DE HORNE, 83.e.	1484
D'Aremberg fait un traité avec le nouvel évêque. La paix est conclue à Tongres.	
Il est arrêté, conduit à Maëstricht, et décapité.	1485
Guerres du comte de la Marck, son frère, contre de Horne.	
Dignité de mambour abolie.	1486

	AN DE J. C.
Liége en la puissance des comtes de la Marck.	1488
Ils sont défaits par l'évêque.	1490
Ils font la paix à Doncheri.	1491
Division de l'Empire en six cercles.	1500

ÉRARD DE LA MARCK, 84.ᵉ   1505

Il est proposé au chapitre par Louis XII, et il emporte les suffrages.	
Il est envoyé en ambassade en Italie par ce monarque.	1511
Il assiste au sacre de François I.ᵉʳ	1515
Il quitte la France pour l'Espagne.	1518
Institution du conseil ordinaire. Traité d'alliance entre le roi d'Espagne et l'évêque Érard.	
Il est nommé cardinal. L'empereur lui donne pour coadjuteur Corneille de Bergue.	1521

CORNEILLE DE BERGUE, 85.ᵉ

Il succède à Érard.	1538
Concordat de l'an 1518 avec le Brabant renouvelé.	
L'évêque se donne pour coadjuteur Georges d'Autriche.	1540
Distribution de la cité en quartiers. Réglement militaire. Nouveau concordat entre l'empereur Charles - Quint et	

	AN DE J. C.
l'État de Liége, sur la juridiction ecclésiastique.	1541

GEORGES D'AUTRICHE, 86.e.	1544
Traité de la reine Marie avec l'évêque. Cession de Herstal.	1546
Confirmation du traité de l'an 1518, sur la liberté du commerce entre les Pays-Bas et l'Etat de Liége.	1548
L'empereur demande un coadjuteur au chapitre.	1549
Prise du château de Bouillon par François premier.	

ROBERT DE BERGUE, 87.e.	1557
Il avoit été désigné coadjuteur par Charles-Quint.	
Commencement de l'imprimerie à Liége.	1558
Paix de Câteau-Cambresis.	1559
Démembrement du diocèse de Liége. Diplome de l'empereur Ferdinand (1), portant défense d'appeler des sentences des vingt-deux, (après leur révision faite par les députés des Etats) aux con-	

---

(1) Foulon, *Hist. leod.* Il n'en dit que ce peu de mots.

seils de l'empereur ou du prince. Robert abdique. Il désigne Groesbeck pour son successeur. 1563

GÉRARD DE GROESBECK, 88.ᵉ. 1564

Réformation de Groesbeck, sur la corruption des tribunaux. 1566

Guerre avec le prince d'Orange. Il marche contre Liége, y met le siége et le lève. 1568

Traité entre Philippe II, roi d'Espagne, et l'évêque. Confirmation des premiers traités d'alliance.

Commencement de la verrerie à Liége. 1569

Les échevins exclus de la magistrature.

Débats pour la garde des clefs de la ville, entre l'évêque et le magistrat. Lettre de l'empereur sur cet objet. 1571

Ordonnance de l'évêque sur les mendians. Établissement d'un Mont-de-piété. 1573

Les Espagnols hivernent dans la Hesbaie. 1574

L'évêque est fait abbé de Stavelot. 1576

La reine Marguerite de Navarre passe par Liége pour aller aux eaux de Spa. 1577

L'évêque est fait cardinal. 1578

ERNEST DE BAVIÈRE, 89.ᵉ. 1581

Il est proclamé sur la tribune en langues

latine, française et allemande.

Il prête serment entre les mains des bourguemestres, qui lui présentent les clefs. Il les leur rend.

Capitulation de l'évêque avec son chapitre. 1581

Il prend possession de l'archevêché de Cologne. 1584

Il est fait évêque de Munster. Il étoit abbé de Stavelot. 1585

Le duc de Parme va aux eaux de Spa. Henry III y avoit été *incognito*. 1591

Les échevins, le conseil privé et ordinaire, et les commissaires consentent de monter la garde dans la ville avec la bourgeoisie.

Le prince Ferdinand de Bavière est fait coadjuteur de Cologne. 1595

Lettres du roi de France à l'évêque, pour l'assurer de sa protection.

Réformation de l'élection magistrale. 1602
Mandement du prince sur cet objet. 1603
Mort d'Ernest. Il possédoit cinq évêchés. 1611

FERDINAND DE BAVIÈRE, 90.e. 1612

Il étoit coadjuteur d'Ernest.
Mandement de l'empereur Mathias, sur

l'élection du magistrat. Ce mandement déplait au peuple, qui refuse de l'exécuter. Manifeste de Ferdinand, qui l'avoit obtenu. 1613

Différend entre le nonce de Cologne et le grand vicaire de Liége, sur le pouvoir de dispenser dans le troisième degré. Ce pouvoir est laissé au grand vicaire. 1614

Plaintes de l'évêque contre le magistrat. Concordat entre le duc de Brabant et l'Etat de Liége sur leurs droits respectifs. 1615

Les Liégeois sont appelés en France pour travailler aux mines, devant Saint Jean d'Angeli. 1621

Mandement de l'empereur au magistrat sur la soumission qu'il devoit à l'évêque. 1627

Points réglés par la chambre impériale sur les griefs de Ferdinand. 1628

Députation des bourguemestres à l'empereur. Révision de la chambre en faveur de la cité. 1629

Brouilleries pour l'élection magistrale. Réglement du prince sur l'élection; réglement militaire. 1631

	AN DE J. C.
Assassinat du bourguemestre Laruelle. Le comte de Warfuzée, d'intelligence avec l'évêque et les Espagnols, commet le crime dans un repas auquel il avoit invité l'abbé de Mouzon, résident de France à Liége. Ce ministre est sur le point d'être égorgé lui-même.	1637
Les bourguemestres sont dégradés pour n'avoir pas prévenu ce crime.	
Accord de la cité avec l'évêque, rompu.	1638
Manifeste de la cité. Lettres du roi de France au magistrat. Fêtes publiques à ce sujet.	1639
Les bourguemestres obligent le chapitre de leur donner 96,000 florins.	1640
Paix de Tongres entre l'évêque et la cité.	
Outrages faits à l'abbé de Mouzon par le parti du prince; il se retire à Maëstricht et écrit une lettre ostensible où il expose ses griefs.	1640
Maximilien Henry est fait coadjuteur de Cologne.	
Nouveaux troubles. Le prince s'approche de Liége: on refuse de l'y recevoir: les bourguemestres le menacent de faire tirer sur lui. Le prince assemble les États à Visé: il évoque le chapitre à	

Huy : tous les tribunaux y sont mandés. Nouveau manifeste de la cité. Le prince assemble 40,000 hommes : ils refusent de combattre. Députation de la cité au roi de France. Division du chapitre. Schisme dans les élections des tribunaux. 1648

Maximilien, nommé grand doyen par le chapitre transféré à Huy, fait marcher des troupes vers Liége pour soutenir son élection et les droits de Ferdinand.

Liége est assiégée et se rend. Bourguemestres décapités. 1649

Réglement de Ferdinand sur l'élection magistrale.

Maximilien est fait coadjuteur de l'évêque.

Construction de la citadelle. Protestation de la noblesse. Mort de Ferdinand. 1650

MAXIMILIEN HENRY, 91.^e

Il se met à dos la noblesse. Bourguemestre décapité.

Le clergé refuse de payer le vingtième denier. Différend entre lui et le magistrat. 1652

AN DE J. C.

Le prince de Lorraine sur les terres de Liége. Maximilien s'en plaint au cercle et obtient des secours de l'Empire. 1653

Paix de Tillemont entre l'évêque et l'archiduc Léopold. 1654

Maximilien fait enlever de Liége le grand prévôt du chapitre et ne le rend que sur les instances du nonce.

Exécution du traité qui concerne Herstal.

Louis XIV passe par le pays de Liége avec son armée. Il y reçoit les députations du magistrat. 1672

Prise de Maëstricht par les Français. 1673

Intrigues du cardinal de Bade à Liége. 1674

Maseyck démantelé. Les Français occupent la citadelle de Liége. 1675

Elle est démolie. 1676

Les clefs de la ville reprises par les bourguemestres.

Plaintes de l'évêque contre la cité, portées à la chambre de Spire.

Négociations infructueuses.

Paix de Nimègue. Article contre lequel les Liégeois protestent. Factions à Liége. La ville refuse de se soumettre au mandement que le prince avoit obtenu de l'empereur. 1678

Accord entre l'évêque et le peuple. 1683

Il est rompu par les métiers. Ils cassent l'élection des bourguemestres et en nomment de nouveaux. Le prince annule leur recès.

Le magistrat s'adresse au roi de France qui les exhorte à se soumettre. 1684

Maximilien fait entrer ses troupes dans la ville, fait saisir et décapiter les bourguemestres, établit une régence et publie un mandement sur la forme de l'élection magistrale. C'est celui qu'on observe encore aujourd'hui.

Mort de Maximilien Henry. 1687

Le chapitre prend, pour la première fois, le gouvernement temporel dans le *sede vacante*. 1688

JEAN LOUIS D'ELDEREN, 92e.

Il se trouve engagé dans les guerres de l'Empire avec la France.

Traité de Versailles entre le roi et l'État de Liége. Il n'est qu'indiqué dans les historiens. 1688

AN DE J. C.

Jean-Louis déclare la guerre à Louis XIV.	1689
Ce monarque fait bombarder Liége.	1691
Le maréchal de Villeroi s'avance jusqu'aux portes de la ville.	1693
JOSEPH-CLÉMENT DE BAVIÈRE, 93e.	1694
Paix de Riswick.	1697
Les Français occupent la ville et la citadelle de Liége.	1701
La ville est prise pour les Hollandais, par le comte de Marleboroug. La citadelle est emportée d'assaut.	1702
Les députés de Liége vont au congrès d'Utrecht.	1712
Le cercle de Westphalie est convoqué à Cologne. On y force les Liégeois d'entrer dans la ligue et de réaccéder à ce cercle.	
Joseph Clément est rétabli dans ses États qu'il avoit perdus. Les citadelles de Liége et de Huy sont démolies.	1715
Le clergé met un impôt sur la bierre.	1717
Le czar Pierre s'arrête à Spa six semaines : il y fait ériger un monument.	1718
GEORGES-LOUIS DE BERGUE, 94e.	1724
Il ne veut recevoir aucun don gratuit de	

ses États et se borne aux revenus de sa principauté.

Il avoit eu pour concurrens à l'évêché les archevêques de Cologne et de Vienne en Dauphiné.

Sa proclamation fut faite dans le chœur de Saint Lambert, en présence d'un commissaire impérial. On avoit placé sous un dais le portrait de l'empereur.

Dans le *sede vacante*, le chapitre veut dissoudre les États: l'état noble proteste contre cet acte et consigne sa protestation. 1744

JEAN THÉODORE, cardinal de Bavière, 95e.

D'OUTREMONT, 96.e

CHARLES DE WALEBRUCK, 97.e.

Fin de la Chronologie des Évêques de Liége.

TABLE DES MATIÈRES PRINCIPALES (1)

Contenues dans ce volume.

A.

Pages

Aétius, général des Romains, recouvre la partie des Gaules voisine du Rhin, que les Goths avoient envahie. 9

Agilfride, évêque, reçoit Adrien, roi des Lombards, vaincu à Pavie, fait prisonnier par Charlemagne, relégué à Liége et consigné entre ses mains. 24

Agricolaus, nommé par Saint Remi au siége de Tongres vacant depuis long-temps. Silence de l'histoire au sujet de cet Evêque et de ses successeurs. 12

Alaric, à la tête d'une multitude de Goths,

---

(1) Il y a beaucoup de matières principales renfermées dans la *Chronologie* des Evêques de Liége, que nous n'avons pas cru devoir répéter dans cette Table.

traverse la Germanie, franchit les Gaules, inonde l'Italie, et après deux campagnes, fait le sac de Rome. *p.* 9

Alains (les) fondent dans les terres des Francs, leur passent sur le corps et se jettent dans les Gaules. *ibid.*

Alberon, évêque, pour se venger de la prise de Saint-Trond, rassemble des troupes et se présente sous les murs de Bouillon. 55

Alcuin (le moine) possédoit plus de vingt mille esclaves. 28

Alexandre, chanoine de Saint Lambert, achète de Henri V l'évêché de Liége; refus de la part du grand prévôt et du clergé de le reconnoître ; conduite d'Alexandre; il est cité à Aix-la-Chapelle, il refuse de s'y présenter et perd l'évêché. 51

Alexandre fait agir sourdement ses amis contre Frédéric. 52

Alexandre se retire dans le chateau d'Huy, commet des hostilités sur les terres voisines, est excommunié par l'évêque Frédéric qui l'attaque avec ses troupes et le force à se mettre. 52

Alexandre est enfin appelé à l'évêché par le clergé et par le peuple. p. 53

Alexandre. Cause de sa mort. 54

Alpaïde, concubine de Pépin; sa cruauté envers Saint Lambert. 20

Amand (St.), successeur de Saint Jean l'Agneau au siége de Tongres; il obtient du monarque un ordre pour forcer le peuple à recevoir le baptême. 16-17

Anarchie dans le corps ecclésiastique de l'évêché de Tongres. 8

Aravatius, évêque de Tongres; ce que dit à son égard Grégoire de Tours; motif de son voyage à Rome; sa mort avant l'arrivée d'Attila. 10-11

Aravatius. Pourquoi cet évêque n'est-il porté sur aucune chronique de Liége? Silence de tous les historiens de ce pays à l'égard des quatre premiers siècles de leur histoire. 11

Arkel, cité au tribunal des Vingt-deux, refuse d'y paroître; sa condamnation par contumace. 113

Arnulphe. Donation qu'il avoit faite du comté de la Herbaie à Nitard et à son église, approuvée par l'empereur Henry III. 39

Artald (le moine) substitué à Hugues, comte de Vermandois, pour l'archevêché de Rheims. *p.* 38

Assassinat commis par le domestique d'un chanoine, sur un bourgeois; ses suites. 76 et 77

Attila ravage les deux Germaniques, et Tongres devient sa victime. 11

Aufride donne à l'église de Liége le comté d'Huy. 35

Austrasie. Sa conduite après la mort de Childeric. 19

Austrasie prend le nom de *Lorraine* sous le règne de Lothaire. 29

B.

Baldric, évêque, laisse toute l'autorité à Ragimer son oncle; conduite atroce de ce régent; son exil et la fin de ses jours. 34

Baldric, évêque, est obligé de s'embarquer avec ses troupes, à cause de la révolte du comte de Frise; il succombe sous le poids de la fatigue et meurt. 37

Belges (les anciens) habitoient la Gaule inférieure quand ils en furent chassés par les Teutons.

Bérenger. Son caractère; il est accusé de magie; sa condamnation. *p.* 43

Bouillé. Méprise de cet historien qui confond la paix de Waroux, faite sous Englebert de la Marck, avec la modération de cette paix, au temps d'Arnould de Horne. 111

Bouillon. Vente supposée de ce duché par Godefroy. 47-48

Bovines (bataille de) gagnée par le roi Philippe; ses résultats concernant l'Empire. 65

Bourguemestre tué dans une émeute et traîné dans toutes les villes voisines. 112

Bourguemestre. Importance de cette place. 103-104

Bourguemestres. Leur puissance sous Ferdinand de Bavière. 196

C.

Charlemagne. Epoque à laquelle il fait bâtir Aix-la-Chapelle; il dresse ses Grands Capitulaires, crée les dixmes, et donne à l'église de grands fiefs. 24-25

Charlemagne se repose bien plus sur l'activité des évêques, pour contenir le peuple, que sur l'indolence d'un Leude. 25

Charlemagne. Don qu'il fait à l'église de Liége d'un étendard en forme de gonfanon, qu'on conserve dans le chapitre. *p.* 26

Châsse de Saint Lambert rapportée à Liége en triomphe. 55

Clodion, roi des Francs, étoit le plus vaillant de cette nation; il fait des courses dans la seconde Belgique et prend Tournay. 10

Clotilde, femme de Clovis, et auteur de sa conversion, lui faisoit prodiguer ses bienfaits aux églises. 12

Clovis. Partage de l'Empire après sa mort. 13

Concile de Latran (un); ce qu'il décide concernant l'élection du pape et celle des évêques teutoniques. 5o

Concordat dressé à Votem pour régler la forme de l'élection du magistrat. 103

Conférences tenues à Liége par l'entremise d'un légat du pape. 101

Confraternité entre les chanoines de Saint Martin de Liége et ceux de l'Eglise de Tours; ce qu'elle portoit. 35

Constance entraîne la plupart des évêques dans l'erreur d'*Arius*. 8

Constantin le Grand parvenu à l'empire, rend la paix à l'église et réforme le gouvernement des Gaules. *p.* 6

Croisade (nouvelle) prêchée dans l'Europe. 58

D.

Dudon se rend chez l'évêque Lambert, suivi d'une troupe d'assassins, et le fait égorger sous ses yeux. 20

Durand, évêque, s'empare du legs fait par son prédécesseur *Volbodon*, aux moines de Saint Laurent. Apparition d'une ombre qui le lui fait restituer au monastère. 38

E.

Eburons. Nom que César donne aux Teutons qui s'établissent sur les deux rives de la Meuse. 1

Eburons (les) étoient chasseurs, guerriers, agriculteurs; ils faisoient tous les ans le partage de leurs terres; victoire qu'ils remportèrent sur une des légions de César; leur destruction ou dispersion par les Romains. 2

Eburons. Leur division en petites tribus; leur principal domicile sur un lieu qu'on appelle Embourg; leurs maisons. *p.* 1-2

Eglises (les) ont la justice civile et criminelle sur tous ceux qui habitent leur territoire; leurs immunités. 75

Enghien (Jean d'), évêque, se transporte à un rendez-vous indiqué par de Gueldres, est enlevé et trouvé mort. 86

Eracle, évêque, établit les premières collégiales de Liége; noms des chanoines préposés à ces institutions. 35

Evéques. Leur autorité absolue sur le clergé, du temps de Clovis, et le plus grand crédit à la cour. 12

Evéques (les) mènent leurs vassaux à la guerre; ils n'y vont pas eux-mêmes; ils choisissent un des fidèles pour les y conduire. 25

Evéques (les) demandent à Charlemagne et obtiennent de ne plus aller à la guerre; leurs plaintes à ce sujet. 26

F.

Fexhe. Paix qu'on y conclut : ses principaux articles. 98

DES MATIÈRES.

Fiefs (les grands) accordés aux évêques leur donnent une supériorité territoriale. *p.* 25

Fiefs. Leur inamovibilité, et naissance du gouvernement féodal. *ibid.*

Foires (les) étoient les seuls lieux de négoce. 28

Floine (le monastère de). Epoque de sa fondation. 46

Floribert (St.), évêque, augmente le nombre des chanoines de son église. 23

France. Coup-d'œil sur son état vers le milieu du sixième siècle et quelques temps après. 13 *et suiv.*

Francs (les), au milieu du quatrième siècle, partent de l'ile des Bataves, passent le Rhin et se cantonnent dans la Toxandrie, aujourd'hui le Brabant. 8

Francs (les) sous le règne d'Honorius; une de leurs colonies s'établit dans la cité de Tongres; elle étoit de la tribu des Cattes. 9

Francs (les) avoient, suivant Grégoire de Tours, une habitation fixe dans Tongres, et leur territoire s'étendoit jusqu'au Rhin; leur division en plusieurs peuplades dont chacune avoit son roi à longs cheveux. 10

Frédéric, prévôt de la cathédrale, élu évêque par le clergé. *p.* 51

Frédéric outragé par des libelles et empoisonné par les amis d'Alexandre. 52

Frédéric II assiége Rome, force le pape d'en sortir et de se réfugier à Pérouse. 65

Frédéric II est excommunié par le pape Grégoire IX. *ibid.*

G.

Gaule (la) est divisée, vers la fin du sixième siècle, en cinq ou six nations, dont chacune a sa loi. 16

Gonthier, archevêque de Cologne. Ce qu'il décide dans le cas d'une infidélité de la part de sa femme. 29

Grégoire VII cite devant lui l'empereur, pour qu'il se justifie sur le reproche d'avoir vendu les biens de l'église. 49

Grégoire VII. Différend entre ce pape et l'empereur Henry; exil de ce souverain Pontife et sa mort. *ibid.*

Guerre. Ce qu'on pratiquoit à Liége lors d'une guerre générale, et quand l'évêque la faisoit de son autorité privée. 26-27

H.

Henry III (l'empereur) se rend à Rome pour y terminer le schisme des trois papes, y convoque un concile dans lequel ils sont déposés. *p.* 41

Henry (l'empereur) fait déposer le pape Grégoire VII dans un synode qu'il tient à Worms. 49

Henry (le jeune) refuse de reconnoître son père s'il n'est délié de ses censures, et lève l'étendard de la révolte. 41

Hermal (le comte de) fait trancher la tête à un seigneur du parti des Awans. 98

Hircaire, évêque, jette les fondemens de la ville de Verviers, et fait des accroissemens à celle de Liége. 29

Houilles découvertes sous le règne d'Albert de Culck. 59

Hugues I.ᵉʳ, évêque, n'occupe qu'un an le siége de l'église de Liége. 33

Hugues de Chalons, après beaucoup de troubles, se démet de son évêché de Liége. 93

Hugues de Pierpont, évêque, veut réformer les abus de son clergé. 61

Huy. Troubles qui s'y élèvent; leurs motifs. *p.* 106

I.

Jérôme (St.). Ses paroles remarquables au concile de Rimini. 8

Interdits, fréquens dans l'Histoire de Liége. 100

Investitures. Naissance de la querelle qu'elles causent. 49

L.

Lambert (St.). Débats à cause de la châsse, entre les chanoines et la bourgeoisie. 55

Laurent (l'abbé de St.) dépouillé de sa dignité par suite d'un procès, sur des plaintes portées contre lui. 45

Leudes (les) étoient les vassaux ou fidèles du roi; ils avoient eux-mêmes des vassaux et des arrière-vasseaux qu'ils menoient à la guerre. 25

Lettres de Saint Jacques, réglemens quelles contiennent. 106

Liége. Tableau de son Gouvernement. vj *et suiv.*

Liége. Tableau de sa constitution. xix *et suiv.*

Liége. Premier diplôme accordé à ses habitans. xxxix *et suiv.*

DES MATIÈRES.

Liége. Tableau de ce qui s'est passé dans cette ville depuis sa fondation jusqu'au treizième siècle. *p.* 67 *et suiv.*

Liége. Epoque et détail du plus grand éclat de son église. 53

Lieutenant-général établi dans les Gaules par l'empereur Constantin le Grand; son autorité. 6

Lobbe (monastère de). Époque de sa fondation. 17

Looz (le comte de). Son fils est choisi mambour par les habitans de Liége. 98

Lorraine. Vacance de ce royaume, à la mort de Lothaire. 30

Lorraine. Son partage entre Louis le Germanique et Charles le Chauve. 30

Lothaire répudie Theutberge pour épouser Valrade. 29

Lothaire se soumet à la volonté du pape Nicolas, et quitte Valrade; il la rappelle et les deux époux sont excommuniés. 30

Lothaire, duc de Saxe. Son élection à l'empire, au préjudice de Frédéric, neveu de Henry, source de guerres civiles. 53

M.

Magnence (le tyran) prend les armes

dans les Gaules, combat et fait mourir Constant, fils de Constantin le Grand. *p.* 7-8

Malines (la ville de) vendue par l'évêque et le chapitre au comte de Flandres, à quelles conditions. o5

Martel (Charles) dépouilla le clergé des biens de l'église, devenus héréditaires, et servant à former la dot des filles qu'on marioit. 21

Martel (Charles) paroît en Austrasie, y remporte trois victoires, qui lui valent le titre de maire de ce royaume et de celui de Neustrie. 21

Martin (Saint) est nommé aux évêchés de Trèves et de Tongres, réunis sous un seul pasteur, dans le temps que Saint Denis prêchoit la foi dans les Gaules. 5

Materne (Saint), 1.er évêque de Tongres, est regardé comme le fondateur des églises de Huy, de Namur, de Dinant et de Cincy. Il mourut à Cologne en 131. 4

Maximin (Saint) remplace Saint Martin sur le siége de Tongres; on ne connoît ni la durée de son épiscopat, ni le temps de sa mort. 5

Monulphe (Saint), successeur de Domitien à l'évêché de Tongres, pose, au mi-

DES MATIÈRES. 297

lieu du sixième siècle, les fondemens de la cité de Liége, fait à son église une donation de tous ses biens. *p.* 13

N.

Nicolas (le pape) écrit à Lothaire une lettre foudroyante, sur son nouveau mariage; sa mort. 30

Nithard, 1.er évêque de Liége, dont les monnoies soient parvenues jusqu'à nous. 39

Nobles (les), suivant la loi Caroline, ont la permission de prendre les armes, et de tuer leur ennemi. 103

Notger, évêque. Sa conduite envers Immon, petit-fils de Ragimer. 36-37

O.

Obert, évêque, tend les bras à l'empereur Henry, trahi par son fils, excommunié par le Saint Père, et contraint de chercher un asyle; il s'arme pour le défendre. 49

Obert. A sa mort, le clergé et le peuple assemblés ne peuvent s'accorder pour lui donner un successeur. 51

Othon (l'empereur) réveille la querelle des investitures; ce qu'il en résulte. 63

Othon, chassé, prend le parti de se faire dévot, se fait fouetter par des moines, et fouler aux pieds de ses valets. *p.* 65.

P.

Persan de Rochefort, élu évêque sur les instances de la cité, est dégradé par le pape Urbain VI ; il se ligue avec le duc de Brabant, mais le peuple l'abandonne, et Arnold de Horne lui est substitué. 114

Paix des vingt (la) lue dans le chapitre, approuvée du plus grand nombre et rejetée par l'évêque. 99

Pantaléon, archidiacre de Liége, fait pape sous le nom d'Urbain IV. 83

Pascal (le pape) écrit au comte de Flandres de faire la guerre aux Liégeois, qui assistoient l'empereur Henry excommunié. 49-50

Pepin renverse du trône le dernier des Mérovingiens, et le confine dans un cloître où il meurt. 22

Préfet du Prétoire, établi dans les Gaules par Constantin le Grand; ses fonctions. 6.

Radulphe, évêque, accusé d'aimer l'argent; trafic qu'il fit des bénéfices de l'église. 57

R.

Rathère, évêque, chassé deux fois du siége de Véronne, n'est pas plus heureux à Liége ; ce qui lui fait perdre l'épiscopat. Il se retire dans le monastère de Lobbe ; ce qu'il y fait. *p.* 34

Reginard achète l'évêché de Liége à l'empereur Conrard II ; motif de son voyage à Rome ; traitement qu'il reçoit du pape. 39

Révolution arrivée à Liége : guerre civile. 76 *et suiv.*

Ripuaires (les Francs). Ils profitent de l'état de langueur où étoient les armées romaines, pour s'établir entre le Bas-Rhin et la Basse-Meuse ; motif du surnom de Ripuaires. 10

Rochefort (le comte de) élu pour mambour par les trois ordres, dans la vacance du siége. Il a quatre chanoines pour adjoints. 111

S.

Servais (St..) succède à Saint Valentin au siége de Tongres, appelé par ce dernier et par son clergé. 6

Simonie, en usage dans le onzième siècle ;

évêques et prélats qui se reconnurent, dans un concile tenu à Lyon, coupables de ce crime. *p.* 39

T.

Trève, entre Adolphe de la Marck et le comte de Looz. 97

Thibaut, élevé au Saint-Siége, sous le nom de Grégoire X. 83

Trond (la ville de St.) prise par Godefroy. 54

Tribunal de paix ; son origine ; par quel privilége le duc de Brabant s'en affranchit ; son abolition. 44

Thédouin, évêque. Son discours à Henry I, roi de France, qui vouloit assembler un concile pour détruire l'hérésie des sacramentaires. *ibid.*

Thédouin ; concordat fait entre lui et les princes voisins, signé par Godefroy de Bouillon. 43

Thiéry, fantôme de roi vaincu par Pepin, qui s'empare de toute la puissance. 19

Tongres est réglée par la loi des Ripuaires. 16

Tongres fait partie du royaume de Metz, échu en partage à Thiéry, appelé dans la suite Austrasie. 13

Tongres. Sa destinée en 457; elle prête un asyle à quelques Francs indépendans. 11

Tongres occupoit dans la seconde Germanique un rang considérable, quand Saint Materne lui apporta la foi. 4

Tongres. Ses habitans, sous l'empire de Vitellius, servent ce prince contre Othon. Cette cité avoit son sénat, dirigé par des officiers de l'empereur. 3

Tongriens, transplantés par Auguste dans la seconde Germanique; ils s'y forment des habitations, et bâtissent des villes. 3

Tongriens, peuplade de Teutons; ils n'étoient pas encore connus du temps de César. Ils commencèrent à paroître, quand Auguste fit à Narbonne le recensement des Gaules, et les réunit dans un corps politique. 2

Teutons, peuples originaires de l'Asie, traversent le Rhin et se répandent dans les provinces voisines; ils occupent différentes parties de la Germanie. 1

U.

Urbain II (le pape), dans un concile tenu à Clermont, exhorte tous les princes chrétiens à passer en Orient; plus de 300 mille hommes se croisent. *p.* 46

V.

Vache (le vol d'une), cause d'une guerre entre un seigneur et un bailli. 86

Valcand, évêque, assiste au testament de Charlemagne, fait à Aix-la-Chapelle, et le signe comme témoin. 28

Valentin (St.), évêque de Tongres, meurt dans la dernière persécution de Dioclétien. 6

Vazon, évêque. Son sentiment à l'égard de Vigère, nommé par l'empereur à l'archevêché de Ravennes, et qui exerçoit depuis deux ans ses fonctions, sans être sacré. 40

Vazon. Sa réponse à l'évêque de Châlons, qui lui demandoit s'il pouvoit se servir du glaive pour exterminer les Manichéens. 42

Vazon. Sa conduite, quand il fut traduit au tribunal de l'empereur Henry III. *ibid.*

Fin de la Table des matières.

www.ingramcontent.com/pod-product-compliance
Lightning Source LLC
Chambersburg PA
CBHW060328170426
43202CB00014B/2714